W9-AEA-437

L'ANTICA ROMA

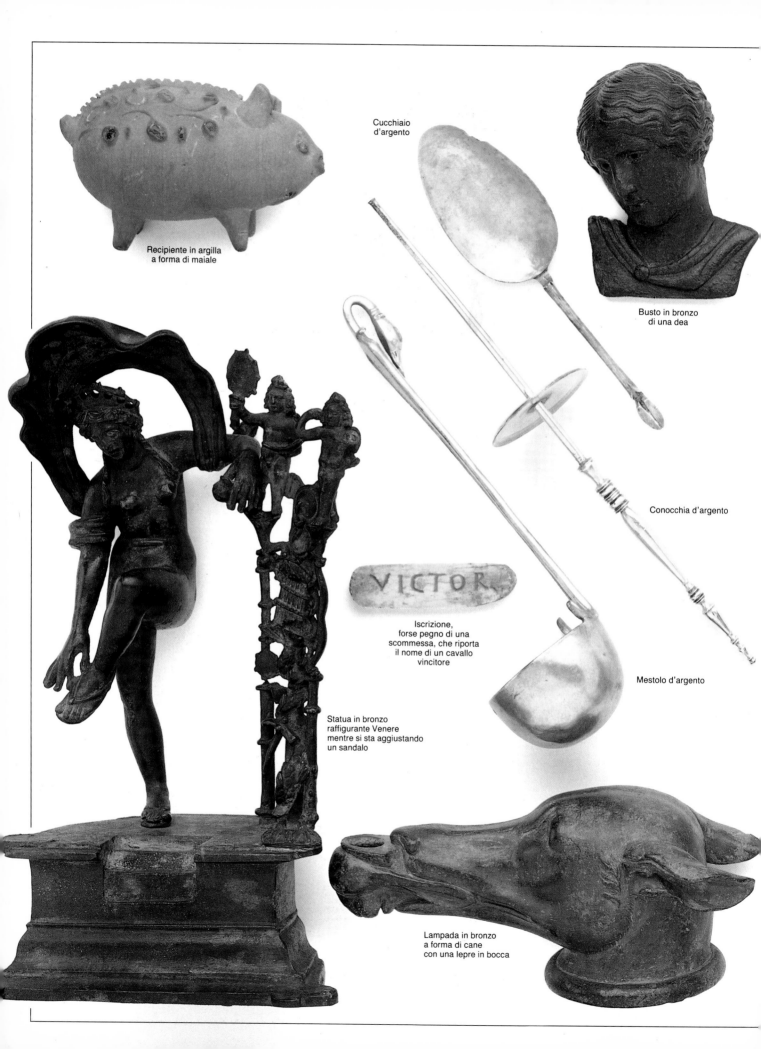

Recipiente in argilla
a forma di maiale

Cucchiaio
d'argento

Busto in bronzo
di una dea

Conocchia d'argento

VICTOR

Iscrizione,
forse pegno di una
scommessa, che riporta
il nome di un cavallo
vincitore

Mestolo d'argento

Statua in bronzo
raffigurante Venere
mentre si sta aggiustando
un sandalo

Lampada in bronzo
a forma di cane
con una lepre in bocca

Spille
raggiate ostrogote

Orecchini in oro
a forma di delfino

IN PRIMO PIANO

L'ANTICA ROMA

Testo di
SIMON JAMES

Busto in bronzo
di Minerva

Eroe combattente
in bronzo

Vetro dorato
raffigurante un
retiarius
(gladiatore armato
di tridente e rete)

ISTITUTO GEOGRAFICO
De AGOSTINI

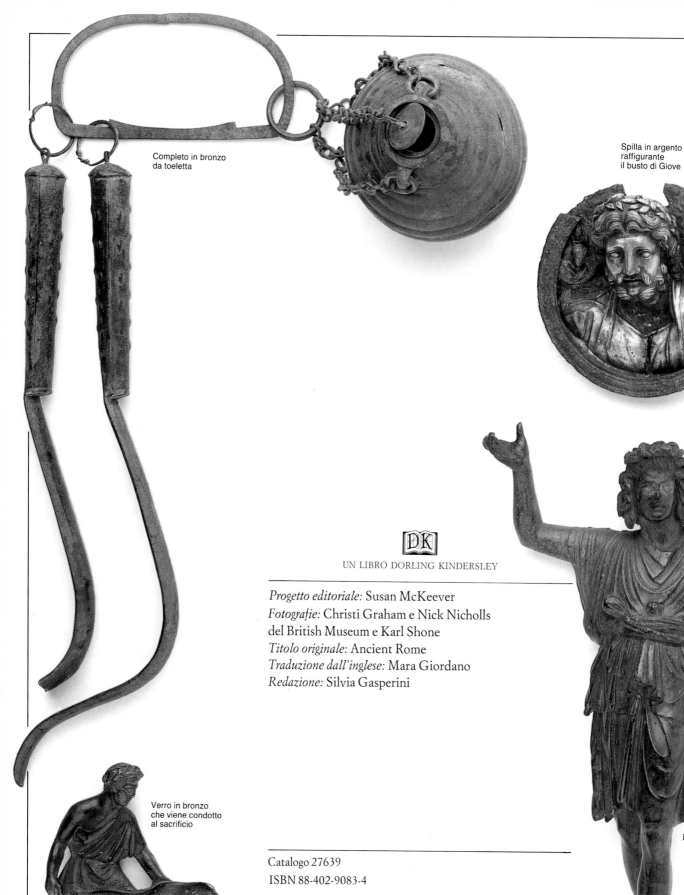

Completo in bronzo
da toeletta

Spilla in argento
raffigurante
il busto di Giove

Verro in bronzo
che viene condotto
al sacrificio

Lare in bronzo

DK

UN LIBRO DORLING KINDERSLEY

Progetto editoriale: Susan McKeever
Fotografie: Christi Graham e Nick Nicholls
del British Museum e Karl Shone
Titolo originale: Ancient Rome
Traduzione dall'inglese: Mara Giordano
Redazione: Silvia Gasperini

Catalogo 27639

ISBN 88-402-9083-4

© 1990 Dorling Kindersley Limited, Londra
© 1991 Istituto Geografico De Agostini S.p.A., Novara
Tutti i diritti sono riservati. Nessuna parte di questo volume può essere
riprodotta con qualsiasi mezzo elettronico oppure meccanico, compresi
cinema, radio, televisione e fotografia, senza autorizzazione scritta
degli editori.
Stampato in Italia - Arnoldo Mondadori Editore, Verona - 1991

Contenitore di
unguento,
in argilla,
a forma di lepre

SOMMARIO

Da città-stato a superpotenza

Secondo la leggenda Roma, fondata nel 754-753 a.C. da due fratelli, Romolo e Remo, figli di Rea Silvia e Marte, il dio della guerra, fu costruita su sette colli nei pressi del fiume Tevere, ai confini con l'Etruria. Secondo la tradizione Roma fu governata da re fino al 509 a.C., quando, in seguito a una rivolta popolare, fu deposto Tarquinio il Superbo, malvagio sovrano etrusco. Ebbe così inizio la Repubblica, governata da due consoli eletti ogni anno dal Senato (p. 16). I Romani, dopo lunghi combattimenti, assoggettarono i popoli confinanti che premevano per impossessarsi della fertile pianura del Lazio. Subirono l'influenza delle colonie greche arroccate nelle città-stato dell'Italia meridionale. Alla vigilia della I guerra punica, Roma aveva rafforzato ed esteso il suo dominio sulla penisola, potere che si rafforzò ulteriormente dopo la sconfitta di Cartagine nel 146 a.C. Roma aveva ormai esteso la sua supremazia all'intero Mediterraneo.

Gli Etruschi

Il popolo degli Etruschi, che aveva subito l'influenza dei Greci, viveva nelle città-stato dell'Italia centrosettentrionale. Questa civiltà era costituita da grandi commercianti, artigiani e architetti che condizionarono profondamente l'antica società romana, soprattutto in campo religioso.

MODELLI ETRUSCHI
Un cocchio trainato da tre cavalli, mentre sta investendo un uomo caduto, ha ispirato l'artista di questo accessorio etrusco da toeletta. È probabile che gli Etruschi abbiano ispirato ai Romani l'usanza delle corse delle bighe (p. 34) e delle lotte gladiatorie nell'arena (p. 30).

ARTE REALISTICA
Su questo frammento di armatura, che costituisce la protezione della spalla, è raffigurato un greco che sta afferrando per i capelli una delle leggendarie amazzoni (donne guerriere). I Romani ammirarono e replicarono la realistica iconografia dell'arte greca.

I Greci

I Greci colonizzarono le coste della Sicilia e dell'Italia meridionale, le cui terre fertili consentirono il benessere delle città, che si arricchirono di magnifici templi e di case arredate con opulenza. Con l'assoggettamento delle colonie greche, Roma ne ereditò anche l'arte, la letteratura e ne assimilò la cultura.

DIVINITÀ FLUVIALE
Questo piccolo viso dipinto su terracotta testimonia che i Greci erano esperti ceramisti.

DEA DELL'AMORE
Placca d'argento con la dea greca dell'amore, Afrodite. I Romani rappresentavano la loro dea Venere allo stesso modo.

UN ESERCITO DI ELEFANTI

Il potere sempre crescente di Roma dovette sostenere la sua più dura prova nel 218 a.C., quando il temibile generale cartaginese Annibale marciò dalla Spagna verso l'Italia valicando le Alpi, con un esercito composto anche da elefanti, come è ricordato in questa stampa vittoriana. Annibale riuscì a sopraffare le legioni avversarie, ma Roma non si dichiarò sconfitta. I Romani per anni continuarono tenacemente a fronteggiare il condottiero cartaginese, allestendo eserciti su eserciti, ad attaccare le basi di Annibale in Spagna e ad addentrarsi nei territori africani. Alla fine i Cartaginesi si arresero. Roma aveva esteso il proprio dominio su nuove terre, ma ad un prezzo altissimo.

SIMBOLO DELLA VITTORIA

I Romani simboleggiavano la vittoria militare in una dea. Nella statuetta di bronzo, qui a destra, essa è rappresentata come una figura alata.

La corona di foglie d'alloro impugnata dalla dea della Vittoria

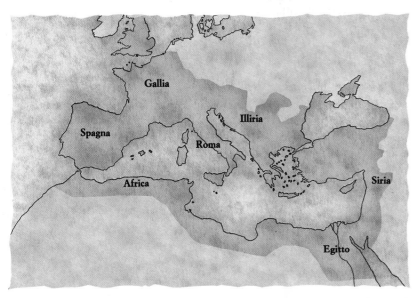

Gallia
Illiria
Spagna
Roma
Africa
Siria
Egitto

L'OMBRA DI ROMA

La maggior parte del Mediterraneo cadde sotto il potere di Roma dal 50 a.C. Altre province si aggiunsero nei 150 anni che seguirono, inclusa la Britannia, portando nel II sec. l'Impero alla sua massima estensione.

Un impero

Dopo lo scontro con Cartagine, che fruttò a Roma le sue prime province d'oltremare, seguirono nuove guerre con altri potenti Stati dell'Oriente. I generali vittoriosi portarono a Roma immensi bottini di guerra. Essi si servirono dei propri eserciti anche per lotte intestine a carattere personale. Le guerre civili rappresentarono una costante minaccia per la stabilità politica di Roma.

MORTE AL DITTATORE

Il più famoso condottiero romano fu Giulio Cesare, che, dopo aver sconfitto tutti i suoi rivali, instaurò a Roma una vera e propria dittatura. Il suo disprezzo per le istituzioni repubblicane offendeva gli orgogliosi senatori (p. 16).

UNA NAVE DA GUERRA

I Romani ereditarono da Cartagine l'arte della guerra navale. Su questo frammento d'argilla è raffigurata una galea da guerra, spinta a remi, con un ariete posto sulla prua in segno di minaccia contro le navi nemiche. Sul ponte stavano i soldati. Durante il periodo di pace la flotta sbaragliò i pirati garantendo la sicurezza dei traffici per mare.

Gli imperatori

Roma non fu sempre governata da imperatori: per centinaia di anni infatti ci fu la Repubblica (p. 6). Ma questa fu travolta dal caos delle guerre civili sia prima che dopo la morte di Giulio Cesare, quando si scatenarono le lotte per la conquista del potere. L'ordine fu infine ripristinato da Ottaviano (denominato in seguito Augusto), figlio adottivo di Giulio Cesare, che concentrò nelle sue mani tutti i poteri civili e militari. Brillante uomo politico, riformò lo Stato garantendo un periodo di pace alla romanità. Di fatto, egli instaurò un vero e proprio potere assolutistico, sostenuto dall'esercito, mantenendo solo esteriormente le istituzioni repubblicane. La sua ingegnosa risoluzione sta nel fatto di aver proclamato la Repubblica, eleggendo sé stesso come primo cittadino. Ebbe così termine l'ordinamento repubblicano, seppure formalmente mantenuto; infatti Augusto divenne il primo imperatore e quando morì Tiberio, suo figlio adottivo, ereditò il trono. Roma sarebbe poi stata governata dagli imperatori per i 400 anni seguenti.

Caligola, diventato pazzo, cadde vittima di una congiura: regnò dal 37 al 41 d.C.

Claudio conquistò la Britannia: regnò dal 41 al 54 d.C.

Nerone, ultimo componente della dinastia Giulio-Claudia, regnò dal 54 al 68 d.C.

LE MONETE RACCONTANO
In un mondo senza giornali, radio e televisione, le monete costituivano un buon mezzo di comunicazione attraverso cui rendere popolare l'immagine dell'imperatore e le sue imprese. Sopra, alcune monete dei successori di Tiberio.

UN TRIONFO ROMANO
Gli imperatori protagonisti di grandi vittorie attraversavano in trionfo Roma alla guida dei propri soldati, seguiti dai prigionieri, in mezzo all'acclamazione generale del popolo. Uno schiavo reggeva una corona d'oro sulla testa del vincitore. I capi nemici catturati venivano uccisi durante la cerimonia.

UN IMPERATORE PAZZO
Accecati dal potere, alcuni imperatori romani commisero atti inconsulti. Fra questi il più famoso è Nerone. Furono molti ad accusarlo di aver appiccato l'incendio di Roma nel 64 d.C., col fine di ricostruire dalle rovine della città una nuova capitale solo per sé. Morì suicida.

L'ARMA DELL'IMPERATORE
Questo spettacolare fodero, decorato in oro e argento, e la sua spada, ritrovati nel Reno, in Germania, furono probabilmente donati dall'imperatore Tiberio ad un ufficiale.

Tiberio mentre riceve il nipote, il condottiero Germanico

IL COLORE DEL POTERE
La porpora era ampiamente impiegata per colorare i vestiti dell'imperatore. I senatori indossavano le toghe con una banda purpurea. Più tardi venne considerato tradimento vestirsi di porpora per chiunque non fosse imperatore.

Il murice è un mollusco dal quale veniva estratta la porpora

CORONA D'ALLORO

Gli imperatori romani non indossavano corone d'oro perché non volevano venire considerati dei re. Spesso usavano corone d'alloro, specie dopo una conquista, per simboleggiare il proprio successo e il potere militare. Le foglie d'alloro avevano già una lunga tradizione come simbolo di vittoria ed erano impiegate per le corone dei generali romani.

Nella ritrattistica di Augusto la corona di gioielli fu aggiunta come ornamento molto più tardi

CAMMEO DI UN DIO

Su questa gemma intagliata è raffigurato il primo imperatore: Augusto. Noto per la sua bellezza, fu il patrono degli artisti e dei poeti. Quando morì fu proclamato dio.

GIULIA E LIVIA

I componenti della famiglia di un imperatore venivano anch'essi raffigurati in pose eroiche come si addiceva all'immagine della "famiglia reale". Qui Livia, la moglie di Augusto, è raffigurata come la dea Giunone, e la loro figlia, Giulia, con l'elmo come la dea Roma. Livia ebbe una grande influenza su Augusto, durante il regno del marito, e il loro matrimonio durò 53 anni.

DRUSILLA

Questo ritratto in calcedonio (una pietra usata nelle decorazioni) raffigura una delle donne più giovani appartenenti alla famiglia di Augusto probabilmente Drusilla.

EREDE AL TRONO

Spesso l'imperatore designava un giovane promettente come proprio erede al trono. L'imperatore Antonino Pio nominò suoi successori Marco Aurelio e Lucio Vero, qui raffigurato in un busto di bronzo finemente lavorato. Quest'ultimo regnò con Marco Aurelio dal 161 al 169 d.C.

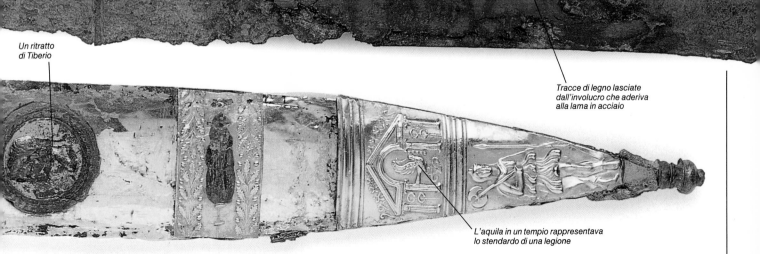

Un ritratto di Tiberio

Tracce di legno lasciate dall'involucro che aderiva alla lama in acciaio

L'aquila in un tempio rappresentava lo stendardo di una legione

LA CRESTA DEL COMANDO

Gli elmetti dei centurioni e di altri ufficiali erano sormontati da creste, in modo che gli uomini del reggimento potessero localizzare i propri capi e seguirli nella battaglia.

Cresta mostrata nella corretta posizione ma non unita all'elmo

A PROTEZIONE DELLA TESTA

Di origine gallica, questo elmetto fu ingegnosamente progettato per proteggere il capo, la faccia ed il collo, pur consentendo di vedere e di udire. Spesso veniva decorato con borchie smaltate.

GIUBBOTTO IN METALLO

La celebre armatura, costituita da strisce di metallo tenute insieme da cinghie di cuoio dall'interno fu ideata soltanto nel I sec. d.C. Era molto flessibile ma anche pesante, tanto che i soldati erano costretti ad aiutarsi a vicenda per indossarla ed allacciarla.

Il legionario

L'Impero romano fondava la sua forza sulle legioni, che probabilmente hanno costituito il più potente esercito della storia. Ciascuna legione era composta da circa 5000 fanti, i quali erano tutti cittadini romani (p. 16) che si arruolavano volontariamente per 20-25 anni. I legionari rigorosamente addestrati, costretti ad una disciplina ferrea e ben armati, costituivano il nucleo dell'esercito in battaglia. Capaci di affrontare per la loro robustezza fisica ogni avversità, avevano la possibilità di ammutinarsi: ma gli imperatori davano ai legionari la sicurezza di un buon trattamento. Nel II sec. d.C. in aggiunta ai 150 000 legionari, vi erano le truppe ausiliarie composte da non cittadini (p. 12). In queste pagine sono illustrate ricostruzioni delle armature dei legionari.

Nel 390 a.C. Roma si salvò da un'imboscata dei Galli sul collina del Campidoglio grazie alle oche che diedero l'allarme durante un attacco notturno a sorpresa

SOTTO L'ARMATURA

Sotto l'armatura veniva indossata una tunica di lana grezza che arrivava fino a metà coscia. In principio i Romani non usavano i pantaloni, ma successivamente vennero adottati dei pantaloncini corti.

UNA FORTE CINTURA

Il *cingulum*, o cintura, costituiva il segno di riconoscimento della carica di un soldato e veniva sempre indossato insieme alla tunica. Questa specie di sottopancia, composta da strisce di cuoio decorato con supporti metallici, forniva protezione all'inguine durante la battaglia. Inoltre, il rumore che provocava durante la marcia contribuiva ad impaurire nemico.

Pendagli di metallo che scendevano dalle strisce di cuoio

La punta appositamente disegnata del giavellotto si incurvava quando veniva respinta dallo scudo del nemico

Mantello di lana

Borraccia di cuoio per acqua o vino

Borsa contenente oggetti personali e provviste per tre giorni

PUNTE PERFORANTI

La lancia (a sinistra), usata inizialmente per trafiggere il nemico, fu sostituita dal micidiale giavellotto di metallo o pilo (a destra), munito di una punta acuminata capace di forare sia gli scudi che l'armatura. Una pioggia di armi di questo genere poteva neutralizzare la carica del nemico.

I MULI DI MARIO

Durante la marcia un legionario completamente carico doveva trasportare ben più dell'armatura, le armi e lo scudo. Ogni uomo teneva sulle spalle uno zaino contenente una serie di attrezzi, una padella e un piatto. Questo carico pesava 40 kg e più, e doveva venire trasportato ogni giorno per 30 km. I legionari furono soprannominati i "muli di Mario", dal nome del generale che introdusse per primo questa fatica.

L'impugnatura della spada, spesso di legno, poteva essere talvolta in avorio o osso

Il pugnale aveva una lama a doppio taglio

Piccone per scavare fosse

Pala per rimuovere le zolle di terra nella costruzione di fortificazioni di difesa

SCARPE FATTE PER CAMMINARE

I sandali dei militari (*caligae*) erano tanto importanti quanto lo era l'armatura, poiché tanto più l'andatura era spedita durante la battaglia tanto maggiori erano le probabilità di vincere le guerre. Queste calzature aperte erano resistenti, con le suole chiodate in ferro, appositamente studiate per sopportare il peso e per resistere ai chilometri di marcia.

SPADA E PUGNALE

Il *pugio*, o pugnale, veniva portato sulla sinistra e il *gladius*, o piccola spada, sulla destra. Entrambi di origine spagnola, furono poi adottati dai Romani. La spada costituiva un'arma mortale, abbastanza piccola da poter essere facilmente maneggiata nel vivo della battaglia. Si rivelò molto efficace contro i Galli, che in genere non indossavano l'armatura.

Battaglia e difesa

Agli inizi del I secolo d.C., i Romani avevano già conquistato la maggior parte del loro impero; mari, catene montuose e foreste frenarono la loro avanzata e li costrinsero ad arrestarsi, tanto che nei successivi 100 anni furono aggiunte poche terre nuove, come l'Isola britannica. Nelle province conquistate i soldati venivano impiegati per la sicurezza dei confini e per domare le rivolte, e, in questo periodo, furono sostenute molte guerre per impedire invasioni da parte di popoli stanziati oltre i confini. Le legioni costituivano sempre la spina dorsale dell'esercito, ma le truppe ausiliarie (composte dalla cavalleria e dalla fanteria) andavano acquistando sempre maggiore importanza: il loro compito era quello di controllare e difendere le migliaia di chilometri di frontiera che ora delimitavano gli smisurati confini dell'Impero romano.

PROIETTILI DI CATAPULTA
Le catapulte erano armi usate per lanciare dardi e pietre contro i nemici. Queste sono punte di ferro di dardi in legno o "proiettili". Ogni legione era armata con circa 60 catapulte, terribili strumenti usati soprattutto durante gli assedi.

UNA PROVINCIA CONQUISTATA
Verso la metà del I secolo a.C. Giulio Cesare, forse per assicurarsi un successo personale, conquistò la Gallia. La resistenza dei Galli fu definitivamente domata durante l'assedio di Alesia, dove Cesare catturò il capo nemico Vercingetorige. In questo dipinto vittoriano è raffigurato il coraggioso Gallo che entra nell'accampamento romano per arrendersi a Cesare, seduto (sullo sfondo) su una piattaforma rossa.

UN SOLDATO AUSILIARIO
I soldati ausiliari costituivano il supporto delle legioni. Normalmente venivano arruolati tra le popolazioni sottomesse, e raramente erano cittadini romani. Questo bronzetto ritrae un soldato ausiliario che indossa una casacca a maglie di ferro.

LO SCUDO
Gli scudi in legno dei soldati romani avevano un riparo metallico in corrispondenza della maniglia centrale. Questo poteva essere utile anche per colpire il nemico che si avvicinasse troppo.

UN FORTE ROMANO
Durante le stagioni invernali o nei periodi di pace i soldati vivevano in forti costruiti in legno o in pietra. Sulla sinistra l'entrata ristrutturata di un forte nel South Shields nell'Inghilterra settentrionale.

IL BOTTINO DI GUERRA
Questa placca in avorio raffigura le armi tolte al nemico, consegnate in premio quando veniva assoggettato un territorio. I bottini ricavati dalle conquiste contribuivano a mantenere lo splendore di Roma, riempire le casse degli imperatori e pagare le truppe. Inoltre, con le conquiste di guerra venivano deportati in Italia milioni di schiavi provenienti da tutto l'impero.

ARMATURA A SQUAME
Un tipo comune di armatura era costituito da casacche composte da placche di bronzo. Diverse migliaia di scaglie venivano cucite fra loro e assicurate alla camicia con stringhe.

La cavalleria
Fra i soldati romani, quelli che venivano pagati di più facevano parte della cavalleria ausiliaria, che aveva l'onere di comprare e pagare i propri cavalli. Gli abitanti della penisola italica non erano abili cavallerizzi, così i reggimenti dell'esercito venivano reclutati in quelle aree dove il combattimento a cavallo era una tradizione, come la Gallia, l'Olanda e la Tracia (attuale Bulgaria). I cavalieri costituivano gli occhi dell'esercito, pattugliavano ed andavano in perlustrazione alla testa delle legioni, proteggendone i fianchi, inseguendo i nemici sconfitti.

ARNESE DA EQUIPAGGIAMENTO
Questo arnese faceva parte del set di un equipaggiamento in argento trovato a Xanten in Germania. È molto probabile che un armamentario tanto vistoso appartenesse ad un ufficiale della cavalleria.

UNA PARATA
Su questo rilievo, a Roma, sono raffigurati dei legionari e dei soldati a cavallo. Alcuni cavalieri portano degli stendardi, e i legionari indossano gli elmi sormontati da creste.

SPERONE
I cavalieri avevano scarpe munite di speroni. Non era ancora stata inventata la staffa. Per mantenersi in groppa al cavallo al posto delle selle venivano usati dei pomi.

LOTTE CONTRO I BARBARI
Questo fitto groviglio di membra, cavalli e armature fa parte del rilievo di una tomba romana in pietra su cui è raffigurato un combattimento fra la cavalleria romana e i barbari del Nord. Sebbene l'artista non abbia rappresentato molto accuratamente i soldati, ha comunque reso con efficace realismo la violenza della battaglia.

PUNTE DI LANCIA
Fanti e cavalieri delle truppe ausiliarie usavano giavellotti leggeri da lanciare contro il nemico (p. 11), ma avevano delle lance più pesanti per colpire a distanza ravvicinata. Oggi sono rimaste le punte di queste lance poiché i bastoni in legno si sono decomposti col tempo. Questi reperti provengono da Hold Hill nel Dorset, in Inghilterra.

MORDERE IL FRENO
La bardatura degli antichi cavalli romani era fondamentalmente quella di oggi. Le briglie di cuoio erano congiunte al freno fissato alla bocca del cavallo. Questo morso di età romana è identico nella forma a quelli attuali.

I soldati nella società

Sia in pace che in guerra, i soldati rivestivano un ruolo molto importante nella società. Molti componenti delle classi povere sceglievano la carriera militare perché offriva un buon tenore di vita e la possibilità di imparare molti mestieri come quello del costruttore. I soldati tuttavia si esponevano a continui pericoli e non potevano sposarsi, anche se spesso avevano mogli e figli "non ufficiali". I legionari delle province come ricompensa del servizio prestato ottenevano la cittadinanza romana per sé e per le loro famiglie. Al momento del congedo, venivano loro date terre o soldi. Le qualità individuali consentivano la promozione a centurione, ovvero a capo di una centuria di 80 uomini. L'alto compenso dei soldati ben pagati incrementava la circolazione del denaro e alimentava il commercio locale. Alcuni stabilimenti si svilupparono in prossimità delle fortificazioni, e molti crebbero all'interno delle città, come York, Inghilterra. I soldati che sposavano le donne del luogo favorirono la diffusione degli usi romani e rinsaldarono la compattezza dell'Impero. L'esercito si fece dunque garante della pace romana (p. 60) che portò prosperità alle province.

MASCHERA DA PARATA
Durante i periodi di pace i soldati romani passavano molto tempo ad allenarsi. I cavalieri spesso indossavano armature molto elaborate per le parate e le dimostrazioni. Questa maschera di bronzo, trovata a Nola in Campania, faceva parte di un elmo probabilmente destinato a battaglie dimostrative della cavalleria, in cui i soldati potevano misurare il loro valore e la loro abilità.

ANTEFISSA
I soldati venivano allenati con molti mestieri artigianali, come le costruzioni. Scavavano o producevano da soli i materiali, come l'argilla di questa antefissa (tegola frontale di un tetto). Vi sono incisi il nome e l'emblema della ventesima legione: un verro alla carica.

IL VALLO DI ADRIANO
Durante il regno di Adriano, l'esercito eresse un muro di difesa in Britannia, lungo 120 km, per tenere lontani i Caledoni della Scozia non occupata. I legionari, grazie alla loro abilità nelle costruzioni, eressero il muro, sorvegliato da truppe ausiliarie, che effettuavano servizi di pattuglia dalle fortificazioni, mentre le legioni intervenivano ogni qualvolta se ne presentasse la necessità.

Rappresentazione di un legionario completamente armato

LA FIGLIA DI UN SOLDATO
Questo frammento sepolcrale, trovato nel Lancashire in Inghilterra, apparteneva alla tomba della figlia di un soldato addetto a portare lo stendardo. Quando un soldato romano e una donna straniera si sposavano univano tradizioni diverse.

Stile elaborato dei capelli

Immagine e appellativi dell'imperatore

PROVA DI CITTADINANZA
Quando gli abitanti delle province, arruolati negli ausiliari, compivano i 25 anni di servizio, solitamente veniva loro garantita la cittadinanza romana, che conferiva importanti diritti e privilegi. Per essere in grado di comprovare il loro nuovo status alcuni soldati avevano delle copie in bronzo del documento ufficiale, come questo trovato a Malpas, Cheshire, in Inghilterra, appartenente a uno spagnolo di nome Reburrus.

L'apertura è nella parte interna

BORSA PORTAMONETE
I soldati portavano il denaro in borse di pelle o bronzo come questa. Indossata a mo' di braccialetto, si poteva aprire solo quando veniva sfilata dal braccio in modo da garantirne la sicurezza.

GRUZZOLO DIMENTICATO
Questi pezzi d'oro, che equivalevano al compenso di un legionario per più di 4 anni di servizio, furono sepolti in Inghilterra nel Kent, appena dopo la conquista della Britannia da parte dei Romani. Probabilmente erano i risparmi di un ufficiale morto in battaglia.

Senatori, cittadini e schiavi

La società romana era suddivisa secondo una rigida gerarchia che, durante il periodo monarchico, distingueva cittadini, abitanti delle province e schiavi. A loro volta i cittadini erano divisi in più classi e godevano di privilegi che venivano negati ai non cittadini. Il senato romano, massima autorità dello Stato, quando venne istituita la Repubblica, era sottoposto al controllo dell'Imperatore. I consoli, i magistrati e i governatori delle province provenivano dalla classe senatoria, composta da ricchi aristocratici. Seguiva la classe dell'ordine equestre, composta anch'essa da uomini benestanti che prestavano servizio nell'esercito e nell'amministrazione. Non era del tutto impossibile cambiare rango nel sistema sociale di Roma, i cavalieri potevano infatti diventare senatori, e alcuni cittadini avevano antenati fra gli schiavi. Agli schiavi non era riservato il medesimo trattamento; coloro che erano cresciuti nella casa del proprio padrone godevano di particolari privilegi fino all'affrancamento, in quanto erano considerati più fedeli.

SPILLA
La spilla, o *fibula*, era un comune accessorio dell'abbigliamento. Veniva utilizzata per fissare tuniche o mantelle.

SPQR
Queste famose lettere frequentemente incise su lapidi o monete, erano le iniziali delle seguenti parole *Senatus PopulusQue Romanus*, cioè il Senato e il Popolo di Roma

La chiusura dello spillo era posta dietro la decorazione

Aste tenute unite da una cinghia

Ascia

ANELLI
Gli anelli rivestivano presso i Romani significati diversi, in relazione alle loro caratteristiche e dimensioni. Anelli d'oro rappresentavano l'emblema dell'ordine equestre, mentre quelli sormontati da una pietra intagliata servivano per porre il sigillo sui documenti. Altri ancora venivano portati come amuleti contro la cattiva sorte.

Anello d'oro con sigillo

Anelli di bronzo con i ritratti di Ercole (sinistra) e di Marte (sotto)

Anello ricavato da una moneta d'oro

SIMBOLO DI POTERE
I magistrati romani venivano scortati dai littori, così chiamati perché incaricati di portare il fascio littorio, costituito da un'ascia racchiusa in un fascio di aste, simbolo della loro autorità e della facoltà di punire o condannare il popolo. La statuetta di bronzo sulla destra risale al I sec. d.C. circa.

Nobile

Assistente ai sacrifici

Sacerdote

Sacerdote addetto ai sacrifici

Contadino

ABITI MASCHILI
L'abbigliamento degli uomini romani era costituito da tuniche senza maniche che arrivavano fino al ginocchio, ed era completato da mantelle di varie fogge. Durante le occasioni formali i cittadini indossavano la toga bianca pesante. I pantaloni venivano considerati un'usanza straniera indegna di un uomo.

Cittadino con la toga

Senatore

Sull'altro lato c'era uno strato di
cera per scrivere (p. 40)

CARTA INTESTATA

Questa iscrizione su legno rappresenta il sigillo di
un procuratore della provincia della Bretagna. Era
"la carta da lettere intestata" dell'ufficiale
dell'ordine equestre incaricato dell'esazione delle
tasse e del pagamento dell'esercito. Il procuratore
era di un grado inferiore rispetto al governatore
della Provincia, ossia un senatore che comandava
l'esercito e amministrava la giustizia. Entrambi gli
ufficiali erano scelti dall'Imperatore, e avevano al
loro seguito personale e impiegati militari.

FUGA DALL'ARENA

La schiavitù aveva origine dalla guerra, ma poteva
anche essere ereditaria o rappresentare un modo per
risarcire i debiti. Molti gladiatori erano schiavi, ma
potevano guadagnarsi la propria libertà riportando un
successo nell'arena. L'asticella sopra illustrata è la
testimonianza della liberazione di un gladiatore
chiamato Moderatus.

IL FORO

Ogni città romana aveva un foro, una piazza
circondata da edifici pubblici, dove aveva
luogo un mercato. Il foro di Roma (sopra) era
il cuore della capitale, attraverso il quale
passava la Via Sacra per il colle del
Campidoglio e il tempio di Giove. Sulla destra
dell'illustrazione sorge la Curia, edificio
adibito a luogo di incontro dei Senatori. Nelle
vicinanze vi era il palazzo dell'Imperatore e il
Colosseo.

SEGUENDO LA MODA

I Romani seguivano ogni
mutamento della moda, soprattutto
per quanto riguardava le
acconciature. Il gentiluomo romano
ritratto in questo busto di bronzo
portava capelli folti e barba tagliata secondo
la moda in voga intorno al 130 d.C.
Successivamente le barbe vennero tenute
incolte e fatte crescere sempre più lunghe
fino a che intorno al 230 d.C. divennero di
moda le barbe ispide e i tagli in uso presso le
compagnie militari.

*Barba tagliata
secondo la moda in
auge verso il 130 d.C.*

17

La donna a Roma

A Roma le donne dovevano essere delle mogli austere e delle buone madri, con il compito di occuparsi della vita familiare (p. 22). A loro venivano insegnati solo i primi rudimenti della cultura. Il grado di libertà di cui una donna poteva usufruire era legato al suo stato e alla sua ricchezza. Le donne ricche potevano godere di una certa indipendenza, soprattutto se vedove. Le mogli di imperatori o senatori spesso esercitavano una grossa influenza politica, pur mantenendosi dietro le quinte. Ma nel gradino inferiore della scala sociale vi era un ampio numero di donne che vivevano in condizione di schiavitù, sia prestando servizio nelle case signorili, sia nei campi.

Conocchia d'argento, usata per filare la lana o il lino

Ago di osso

Ago di bronzo per lavori più precisi

BUSTO DI DONNA
Questo piccolo busto in argento probabilmente era nel centro di un piatto decorativo. Potrebbe essere il ritratto di una famosa signora romana.

Ditale di bronzo molto simile a quello moderno

FILATURA E TESSITURA
Gran parte dell'abbigliamento indossato dai Romani era in lana o in tela, e il lavoro di tessitura e filatura faceva parte dei compiti delle mogli, tranne di quelle ricche. L'imperatore Augusto costrinse sua figlia Giulia a cimentarsi in questi lavori perché desse l'esempio dei vecchi usi romani e delle virtù delle mogli.

Cosmetici

Molte donne romane usavano truccarsi. Il colorito pallido, di moda, poteva essere ottenuto con l'applicazione di polvere di gesso o di biacca. Il rosso ocra veniva impiegato per colorire le guance e le labbra, mentre gli occhi venivano truccati con alcuni composti a base di cenere o antimonio. Alcuni cosmetici erano velenosi.

I VESTITI FEMMINILI
Le donne romane indossavano tuniche di lana o tela accompagnate qualche volta da una mantella. Le donne benestanti usavano tessuti importati, molto freschi, come la seta cinese o il cotone indiano.

Spatola d'argento per mescolare e applicare i cosmetici

Boccetta di profumo ricavata dal prezioso onice

Questo affresco mostra una ragazza che versa del profumo in una fiala

Sopra, un pettine in avorio ritrovato in una tomba. Reca l'iscrizione *Modestina Vaee* (Modestina, addio)

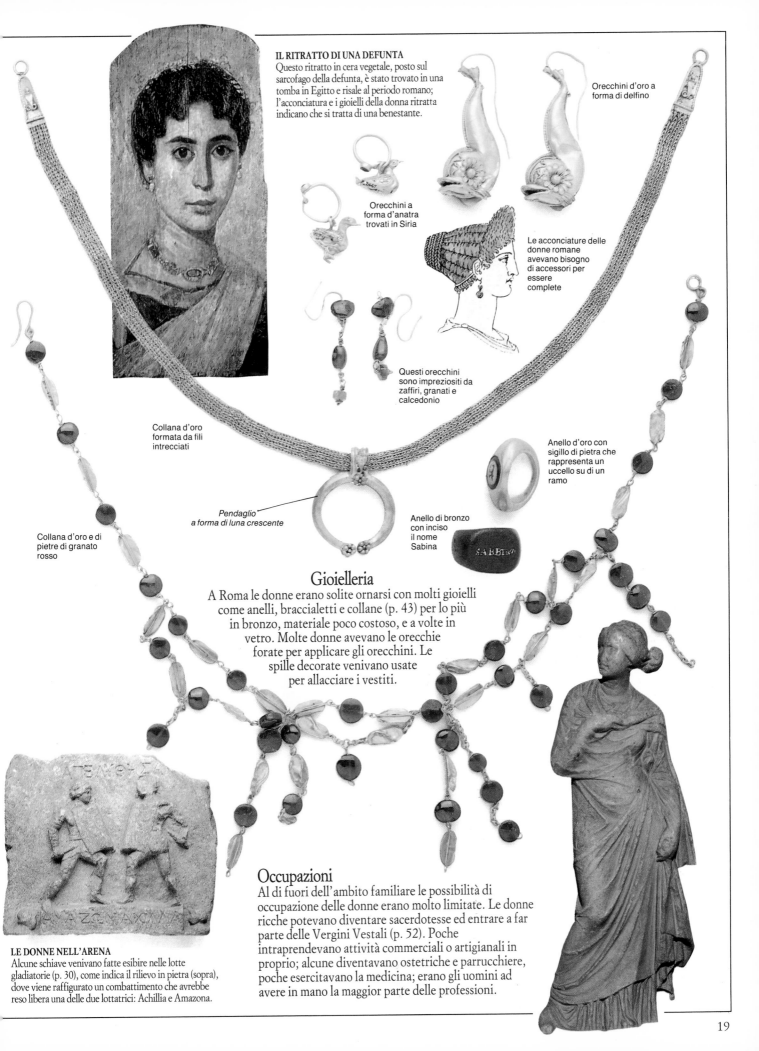

IL RITRATTO DI UNA DEFUNTA
Questo ritratto in cera vegetale, posto sul sarcofago della defunta, è stato trovato in una tomba in Egitto e risale al periodo romano; l'acconciatura e i gioielli della donna ritratta indicano che si tratta di una benestante.

Orecchini d'oro a forma di delfino

Orecchini a forma d'anatra trovati in Siria

Le acconciature delle donne romane avevano bisogno di accessori per essere complete

Questi orecchini sono impreziositi da zaffiri, granati e calcedonio

Collana d'oro formata da fili intrecciati

Pendaglio a forma di luna crescente

Collana d'oro e di pietre di granato rosso

Anello d'oro con sigillo di pietra che rappresenta un uccello su di un ramo

Anello di bronzo con inciso il nome Sabina

Gioielleria
A Roma le donne erano solite ornarsi con molti gioielli come anelli, braccialetti e collane (p. 43) per lo più in bronzo, materiale poco costoso, e a volte in vetro. Molte donne avevano le orecchie forate per applicare gli orecchini. Le spille decorate venivano usate per allacciare i vestiti.

Occupazioni
Al di fuori dell'ambito familiare le possibilità di occupazione delle donne erano molto limitate. Le donne ricche potevano diventare sacerdotesse ed entrare a far parte delle Vergini Vestali (p. 52). Poche intraprendevano attività commerciali o artigianali in proprio; alcune diventavano ostetriche e parrucchiere, poche esercitavano la medicina; erano gli uomini ad avere in mano la maggior parte delle professioni.

LE DONNE NELL'ARENA
Alcune schiave venivano fatte esibire nelle lotte gladiatorie (p. 30), come indica il rilievo in pietra (sopra), dove viene raffigurato un combattimento che avrebbe reso libera una delle due lottatrici: Achillia e Amazona.

"QUANDO FINISCE?"
I figli dei nobili romani erano vestiti come i genitori che spesso accompagnavano alle cerimonie ufficiali. Su questo particolare dell'Ara Pacis, l'Altare della Pace fatto erigere da Augusto, sono raffigurati i membri della famiglia imperiale durante una processione sacrificale. I bambini sembrano piuttosto indifferenti all'intera manifestazione.

L'educazione

Secondo le antiche usanze romane, l'educazione e l'istruzione dei figli erano affidate ai padri. Alcune famiglie più ricche, tuttavia, ricorrevano a un precettore per l'educazione dei propri figli o alla scuola dove venivano apprese le materie basilari come la lettura e il far di conto. Le lezioni avevano inizio all'alba fino a mezzogiorno e spesso riprendevano nel pomeriggio. I maestri, spesso molto severi, non esitavano a ricorrere alle botte quando lo ritenevano necessario. Le bambine raramente ricevevano un'educazione superiore a quella di base, dopo la quale erano destinate ad apprendere dalle proprie madri nozioni di economia domestica. I figli maschi dei nobili potevano continuare gli studi per seguire una carriera forense o governativa. Purtroppo le scuole erano riservate a pochi privilegiati e la maggior parte dei bambini proveniva da famiglie povere. Alcuni genitori erano addirittura costretti ad abbandonare i propri figli e lasciarli morire non essendo in grado di curarsene. La maggioranza dei bimbi poveri non sapeva né leggere né scrivere, ed era costretta a lavorare fin dall'infanzia.

GIOVANE RAGAZZO
Questo realistico busto in marmo raffigura un bambino di circa cinque anni. Il ricciolo che gli ricade sull'orecchio significa che si trattava di un seguace di Iside (p. 50).

Ricciolo

SCHIAVO APPISOLATO
Molti bambini romani erano schiavi. Il recipiente (a sinistra) raffigura un giovane schiavo che sta facendo un sonnellino in attesa del ritorno del suo padrone. Molti schiavi, costretti a lavorare duramente, approfittavano della momentanea assenza del padrone per riposarsi e, magari, schiacciare un pisolino.

LA STORIA DI UN RAGAZZO
Questo rilievo in marmo appartenente a un sarcofago rappresenta le scene dell'infanzia di un ragazzo. Sulla sinistra, il piccolo, appena nato, che sta succhiando il latte materno, viene poi preso in braccio dal padre. Nella successiva scena il bambino, ormai cresciuto, è su di un cocchio. Nell'ultima, lo si vede mentre sta parlando al padre.

*Segni del
deterioramento
sulla bambola*

UN GIOCATTOLO TOSSICO
I giocattoli dei bambini
rappresentavano il mondo attorno a
loro, come questo cammello
proveniente dall'Egitto. È di piombo,
un metallo pesante nocivo alla salute.

Biglie di vetro

UN GIOCO ANTICO
Il popolare gioco delle biglie ha
origini antichissime. Anche ai
tempi dei Romani le biglie,
realizzate in materiali diversi,
come indica l'illustrazione,
erano molto diffuse.

*Biglie di
terracotta*

*Capelli
accuratamente
intrecciati*

BAMBOLA DI PEZZA
Nelle loro svariate fogge le
bambole rappresentano da sempre
uno dei giocattoli più diffusi.
Questa bambola, risalente al tempo
romano, si è conservata grazie al
suolo asciutto dell'Egitto, dove è
stata ritrovata.

BAMBINE
Sulla destra è raffigurato un ritratto
in marmo finemente lavorato di una
bambina di cira 10 anni. La sua
acconciatura è analoga a quella delle
donne adulte del tempo (circa 200
d.C.). I bambini romani venivano
allevati in modo da sembrare perfette
miniature dei loro genitori.

**COCCHIO IN
MINIATURA**
Anche nei giochi i
bambini emulavano il
mondo degli adulti come
dimostra questo cocchio in
miniatura con cui i bambini
cercavano di ricreare l'atmosfera dei
ludi circenses.

21

CERIMONIA NUZIALE

Le spose indossavano abiti speciali ed un vistoso velo arancione. La coppia si scambiava una solenne promessa stringendosi la mano a simbolo della propria unione e di quella della famiglia. Come mostra l'illustrazione, lo sposo tiene nell'altra mano il certificato di matrimonio.

La vita familiare

Per i Romani la famiglia rivestiva un ruolo di fondamentale importanza, molto diverso da quello attuale. Il *pater familias*, ossia il padre e il capo della famiglia, aveva per tradizione il pieno possesso di tutto ciò che si trovava nella sua casa e di chiunque vi vivesse, dalla moglie allo schiavo. Egli aveva l'autorità assoluta sui figli. La donna poteva esercitare le proprie mansioni nell'ambito domestico occupandosi dell'amministrazione della casa e controllando l'educazione dei figli prima che raggiungessero l'età scolare (p. 20). La schiavitù, ampiamente diffusa a Roma, salvo rare eccezioni non rappresentava una condizione intollerabile per chi la viveva; spesso gli schiavi erano considerati veri e propri familiari e potevano ottenere la propria libertà.

Matrimonio romano

Spesso, in epoca romana, i matrimoni venivano celebrati per ragioni politiche o finanziarie. Il giorno della cerimonia nuziale, lo sposo si recava con i suoi amici e i suoi familiari a casa della sposa e il matrimonio veniva celebrato nell'atrio (p. 24) oppure in una cappella nelle vicinanze. Veniva offerto un sacrificio, e venivano letti gli auspici per invocare l'approvazione degli dei. Lo sposo e la sposa si scambiavano le promesse solenni stringendosi le mani e questo era sufficiente per ufficializzare il matrimonio.

ANELLI DI FIDANZAMENTO

Spesso lo sposo regalava alla futura moglie un anello con incise due mani strette per simboleggiare il matrimonio.

UNA FAMIGLIA INFELICE

Su questo ritratto di famiglia sono raffigurati l'imperatore Settimio Severo con la moglie e i figli Caracalla e Geta. Questa famiglia imperiale non fu fra le più felici; dopo la morte di Severo, il dispotico Caracalla uccise Geta, accentrando nelle sue mani l'intero potere. Dopo la sua morte venne ufficialmente maledetto e il suo volto cancellato dal ritratto familiare.

Schiavi e animali domestici

Agli occhi del mondo d'oggi le sontuose dimore dei ricchi romani sembrerebbero affollate e senza privacy per il numero di schiavi intenti ad assolvere le proprie mansioni. Vi erano anche spazi riservati ai cani da guardia, cani da caccia per le tenute di campagna e magari anche cavalli e gatti per cacciare i topi. Non mancavano poi gli animali domestici, allevati soprattutto per i bambini.

SCHIAVO LIBERATO

Hedone, servo di Marco Crasso, una volta liberato dedicò questa placca di bronzo alla dea Feronia, molto venerata dai liberti.

UNO SCHIAVO TRISTE

Sopra a destra, statuetta fittile di uno schiavo mentre sta lavorando al *mortarium* (p. 44).

CANE DA GUARDIA

A Roma erano allevate molte razze di cani, anche molto feroci, soprattutto se destinati alla guardia come il cane immortalato nella statuetta, che, incatenato alla porta, teneva lontani i ladri.

Collare del cane

TARGA DI RICONOSCIMENTO

Alcuni cani romani avevano una targa di identità come questa in bronzo che riporta la seguente iscrizione: Prendimi se scappo e riportami al mio padrone Viventius alla tenuta di Callistus.

Gli dei della famiglia

I Romani veneravano una moltitudine di dei (p. 50) tra i quali rivestivano particolare importanza le divinità legate all'agricoltura e al focolare domestico, come si può rinvenire nell'architettura delle case dotate di una cappella propria (reliquiario), dove venivano celebrate cerimonie di culto alle quali partecipava l'intera famiglia. Si trattava anche di un'occasione molto importante per ricordare gli antenati. Nelle case senatoriali vi erano delle maschere in cera o dei ritratti degli avi. Era diffusa l'abitudine di recarsi regolarmente alle tombe per rendere omaggio ai defunti (p. 56).

Corno per bere con l'estremità a testa di delfino

LARI
I Lari erano i numi tutelari del focolare domestico. Questo bronzetto raffigura un Lare che sta compiendo un sacrificio, mentre impugna con una mano un recipiente a forma di delfino per le bevande e con l'altra una ciotola per il cibo (p. 52).

La ciotola per libagione veniva usata per versare il liquido sul fuoco sacrificale dell'altare

Cresta sulla testa del serpente

SPIRITO DI SERPENTE
Come spirito tutelare del tetto domestico, a Roma fu venerato anche un serpente, retaggio di una tradizione di origine greca.

Palla d'incenso da bruciare sull'altare

GENIO
Il genio rappresentava lo spirito della vita, che accompagna la vita di un uomo dalla nascita alla morte. Questo spirito tutelare indossa una toga che gli copre la testa ed ha la posizione propria di un sacerdote intento a compiere un sacrificio.

TEMPIO DI FAMIGLIA
Questo *lararium* o reliquiario di famiglia, trovato in una casa di Pompei (a sinistra), è a forma di tempio. Nel mezzo è posto il genio fiancheggiato da due lari e sotto è raffigurato un serpente.

DA PARTE DI SCHIAVI LIBERATI
Spesso i Romani instauravano rapporti quasi amichevoli con i propri schiavi e quando questi venivano liberati i vecchi padroni diventavano loro protettori. Questo monumento tombale mostra i volti di Lucio Antistio Sarculo e di sua moglie Antistia, incorniciati in due conchiglie. L'iscrizione ricorda che la tomba fu costruita da Rufo ed Anthus, due loro schiavi liberati, per i loro degni protettori. È chiaro che Rufo e Anthus ammirassero molto i loro vecchi padroni e che probabilmente divennero abbastanza ricchi da potersi permettere la spesa di uno splendido monumento come questo. Forse è più interessante il fatto che la stessa Antistia una volta era stata schiava; Antistio la rese libera e la sposò.

Case e ville

Un romano ricco poteva permettersi sia una casa in città sia una villa in campagna (p. 58). Normalmente le case dei Romani benestanti avevano una struttura di base molto simile. La porta frontale immetteva in un atrio, che aveva un'apertura nel soffitto e una piscina nel pavimento, al centro della stanza. Sul retro un peristilio, o giardino a colonne, aggiungeva una sensazione di maggiore ariosità alla casa, come per contrastare la calura estiva. Le stanze erano ben disposte ed eleganti, con alti soffitti, ampie porte, ma poche finestre. Sebbene i muri fossero pitturati con colori vivaci e i pavimenti spesso riccamente decorati con mosaici, stranamente i mobili erano pochi: cassette di sicurezza, divani usati soprattutto per mangiare, letti, piccoli tavoli e forse anche qualche armadio in legno finemente lavorato. Ma solo pochi fortunati potevano godersi il lusso di case così belle. La grande maggioranza del popolo viveva nella povertà rurale, o negli alti ed affollati edifici (*insulae*) della città. Gli appartamenti non erano igienici ed erano quasi sempre soggetti al pericolo di incendi; al piano terra spesso vi erano dei negozi.

ANIMALI... DA CORTILE
Proprio come oggi, nelle case e nei giardini veniva tollerata la presenza di piccoli animali selvatici di ogni tipo.

A CACCIA DI PICCIONI
Molti mosaici riproducevano scene di vita quotidiana, come questa di un gatto che ha appena catturato un piccione. Il quadro risulta composto di migliaia di minuscoli frammenti di pietra colorati, ognuno dei quali misura circa 5 mm², posti sull'intonaco fresco da artigiani specializzati in quest'arte.

Lucertola di bronzo

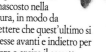

SOTTO CHIAVE
I Romani si servivano di serrature e chiavistelli per proteggersi dagli scassinatori. La complessa forma della parte terminale della chiave, illustrata a destra, doveva combaciare perfettamente con quella del catenaccio nascosto nella serratura, in modo da permettere che quest'ultimo si muovesse avanti e indietro per chiudere o aprire il cassetto.

La sagoma bucherellata corrispondente alla forma della chiave

Serratura terminante con una forma particolare adattata al chiavistello

Rotelle dentellate collegate a maniglie esterne

CASSETTA DI SICUREZZA
Questa cassetta di sicurezza ha due serrature scorrevoli sulla parte interna del coperchio, che era possibile regolare dall'esterno azionando le due rotelle dentate. Sull'estremità superiore erano poste anche due maniglie, una regolata dal catenaccio e l'altra dalla forza di gravità, che si liberava solo quando la cassetta era aperta nel modo corretto. Queste cassette potevano contenere soldi e valori.

BRACCIOLO DI DIVANO
Su questo intarsio in avorio, parte di un divano, è raffigurato Cupido, dio dell'amore, che sta volteggiando sopra Bacco, dio del vino, rappresentato con un grappolo d'uva in mano. I Romani abbienti spendevano molto denaro per l'arredamento e per gli accessori per la tavola: imbandivano sontuose cene con cui impressionare gli ospiti.

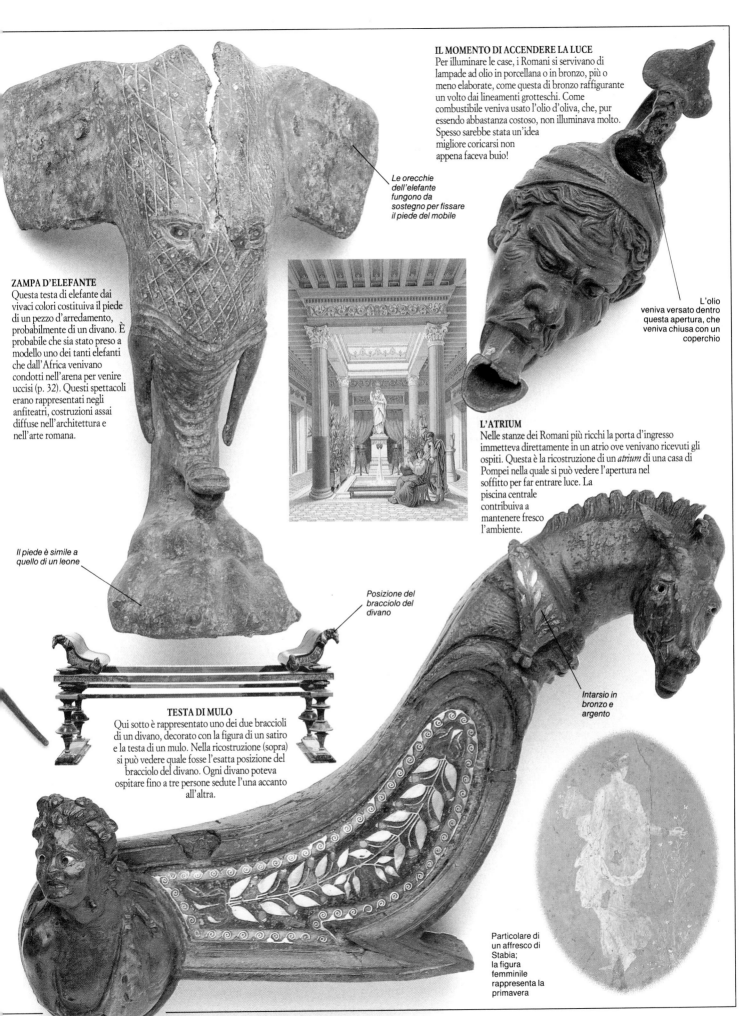

ZAMPA D'ELEFANTE
Questa testa di elefante dai vivaci colori costituiva il piede di un pezzo d'arredamento, probabilmente di un divano. È probabile che sia stato preso a modello uno dei tanti elefanti che dall'Africa venivano condotti nell'arena per venire uccisi (p. 32). Questi spettacoli erano rappresentati negli anfiteatri, costruzioni assai diffuse nell'architettura e nell'arte romana.

Il piede è simile a quello di un leone

IL MOMENTO DI ACCENDERE LA LUCE
Per illuminare le case, i Romani si servivano di lampade ad olio in porcellana o in bronzo, più o meno elaborate, come questa di bronzo raffigurante un volto dai lineamenti grotteschi. Come combustibile veniva usato l'olio d'oliva, che, pur essendo abbastanza costoso, non illuminava molto. Spesso sarebbe stata un'idea migliore coricarsi non appena faceva buio!

Le orecchie dell'elefante fungono da sostegno per fissare il piede del mobile

L'olio veniva versato dentro questa apertura, che veniva chiusa con un coperchio

L'ATRIUM
Nelle stanze dei Romani più ricchi la porta d'ingresso immetteva direttamente in un atrio ove venivano ricevuti gli ospiti. Questa è la ricostruzione di un *atrium* di una casa di Pompei nella quale si può vedere l'apertura nel soffitto per far entrare luce. La piscina centrale contribuiva a mantenere fresco l'ambiente.

Posizione del bracciolo del divano

TESTA DI MULO
Qui sotto è rappresentato uno dei due braccioli di un divano, decorato con la figura di un satiro e la testa di un mulo. Nella ricostruzione (sopra) si può vedere quale fosse l'esatta posizione del bracciolo del divano. Ogni divano poteva ospitare fino a tre persone sedute l'una accanto all'altra.

Intarsio in bronzo e argento

Particolare di un affresco di Stabia; la figura femminile rappresenta la primavera

Costruttori e architetti

I Romani erano abili nella costruzione di templi, ville di campagna e grandiosi edifici pubblici in marmo. Anche se fortemente influenzati dall'architettura greca, avevano elaborato uno stile originale. Facevano largo uso di archi e furono i primi ad adottare la cupola. Si servivano di mattoni refrattari e inventarono un nuovo materiale per costruzione: la pozzolana, un composto vulcanico resistente mescolato a sassi. I loro edifici hanno resistito al tempo: in molti casi anche i mosaici, usati nelle decorazioni, si sono perfettamente conservati. Sfruttarono a fondo le loro conoscenze di ingegneria anche per rifornire d'acqua le città tramite gli acquedotti o per costruire ponti e strade che ancora oggi sono praticabili.

PONT DU GARD, FRANCIA
Questo imponente ponte di pietre su tre piani che valica una gola era un acquedotto. L'acqua scorreva attraverso un canale coperto nella parte superiore. L'acquedotto era lungo 50 km e terminava in un serbatoio che riforniva la città di Nîmes con 20 000 tonnellate d'acqua al giorno.

La riga è divisa in 12 pollici romani

RIGHELLO DI BRONZO
Questa riga pieghevole di bronzo probabilmente apparteneva ad un muratore o ad un falegname e la si poteva comodamente portare alla cintura o in una borsa. È lunga 296 mm.

Le due parti del compasso erano tenute insieme da un cuneo

FILO A PIOMBO
Un semplice peso di piombo appeso ad una cordicella costituiva uno strumento di alta precisione per la costruzione di muri perfettamente verticali. Sopra vi è inciso il nome del possessore: Bassus. Per progettare e costruire Pont du Gard vennero utilizzati semplici strumenti come questo.

SQUADRA DI BRONZO
Questo strumento era molto utile a falegnami, muratori, artisti del mosaico e altri artigiani. Misurava gli angoli di 45° e 90°.

COMPASSO DI BRONZO
Durante la lavorazione di progetti o modelli in scala gli ingegneri utilizzavano una specie di compasso proporzionale come questo. La distanza che intercorre tra le punte inferiori è sempre il doppio di quella fra le superiori, in modo da permettere di riprodurre, per esempio, la copia di una statua grande il doppio o la metà.

UNA STRADA ROMANA
Solitamente le strade erano rettilinee e venivano costruite leggermente a schiena d'asino per consentire all'acqua piovana di defluire nei canaletti di scolo laterali. Questo accorgimento rendeva le strade praticabili con ogni condizione di tempo. Costruite a più strati con un fondamento resistente, erano ricoperte in superficie da ghiaia o lastre di pietra.

SCALPELLO
I Romani, quando lavoravano il legno, si servivano di scalpelli di ferro come questo, che veniva utilizzato soprattutto nella costruzione di tetti. Ma la maggior parte del legno usato dai Romani si è decomposto durante i secoli, così come il manico di questo scalpello.

Idraulica romana

Nelle città romane i sistemi di rifornimento d'acqua erano molto avanzati, e rimasero insuperabili fino al XIX sec. Gli acquedotti alimentavano molte uscite d'acqua, come le fontane pubbliche (alle quali si attingeva acqua per uso domestico). I bagni pubblici avevano un approvvigionamento d'acqua proprio così come le latrine. Anche le case private di maggiori dimensioni avevano condutture d'acqua proprie, in aggiunta all'acqua piovana che veniva raccolta dalle aperture del tetto (vedi l'*atrium* a p. 25). L'acqua raggiungeva questi luoghi grazie alla pressione creata negli elaborati sistemi di tubature in piombo spinta dalla forza di gravità: dopo l'uso veniva allontanata con un sistema di fognature sotterranee.

Perno

SISTEMA DI POMPAGGIO
Il disegno a sinistra mostra il funzionamento di questo sistema di pompaggio, costituito da due pompe unite insieme, di cui ogni metà aveva un pistone (a) che quando veniva innalzato dal manico oscillatorio (b) risucchiava l'acqua in un cilindro (c) attraverso una valvola, in una sola direzione (d). Quando il pistone veniva spinto verso il basso l'acqua veniva immessa nel tubo d'uscita (e) e poi all'esterno attraverso un'altra valvola (f). I due tubi agivano alternativamente spingendo fuori l'acqua dal tubo centrale (g).

Livello dell'acqua

UNA FONTANA DI POMPEI
Le fontane funzionavano con la forza di gravità. La statua ritrae un ragazzo che sta tenendo in braccio un'oca. L'acqua era raccolta in un serbatoio nascosto e defluiva all'esterno attraverso la bocca dell'oca.

UNA LATRINA A PIÙ POSTI
Sotto i sedili di questa latrina scorreva un canale che portava via le acque di scolo.

Valvola

UNA POMPA BEN CONSERVATA
Le pompe, come questa in piombo in buono stato di conservazione, venivano impiegate per trasportare l'acqua a livelli più alti. Vitruvio racconta che venivano usate per riempire i serbatoi di fontane come quella di Pompei raffigurata in questa pagina.

Il coperchio della valvola permetteva all'acqua di scorrere, ma si chiudeva quando l'acqua poteva andare nel senso inverso.

Questa sezione è stata tagliata per mostrare la valvola d'uscita e mettere in evidenza l'accurata lavorazione delle giunture fra i tubi

L'arena di sangue

Il Colosseo di Roma, il più grandioso anfiteatro di tutto l'Impero, costituisce una meraviglia dell'ingegneria romana. Inaugurato dall'imperatore Tito nell'80 d.C., poteva ospitare 50 000 persone e fu progettato e costruito con tanta efficienza che, nonostante le sue dimensioni, ogni spettatore era in grado di uscire dall'edificio in pochi minuti grazie a un abile uso di volte arcate, corridoi e scale che portavano ai posti a sedere. Al piano terra 80 arcate formavano altrettante entrate. Spesso al di sopra dell'anfiteatro veniva steso un grossissimo tendone di tela per schermare il sole e fare ombra, mentre durante gli spettacoli notturni l'arena veniva illuminata da un massiccio candeliere di ferro. Nonostante tutto, questo straordinario edificio venne costruito per assecondare fini poco nobili: mostrare al popolo omicidi e spargimenti di sangue per puro divertimento. I gladiatori combattevano all'ultimo sangue l'uno contro l'altro e altri uomini si misuravano con animali provenienti da ogni angolo dell'Impero. Questi cosiddetti giochi erano spettacoli pubblici organizzati e pagati dall'imperatore o altre importanti personalità romane per guadagnarsi il favore del popolo.

Bastoni che sorreggevano il tendone

Il grosso peso delle gradinate veniva sostenuto dagli archi

I posti frontali erano riservati ai ceti più abbienti

Labirinto di celle, corridoi e macchinari sotto l'arena

SANGUE E ARENA
L'*arena* (nome latino con cui si designava la sabbia che assorbiva il sangue delle vittime) e la pavimentazione sottostante sono scomparse nel corso del tempo portando alla luce un labirinto di celle e corridoi sotterranei. Sotto terra vi erano dei montacarichi e botole che consentivano ad uomini ed animali di sbucare dal terreno.

BATTAGLIA NAVALE
I Romani erano abituati fin da piccoli ad assistere a spargimenti di sangue: gli imperatori furono perciò costretti ad escogitare nuove forme di violenza che potessero divertire. Sin dall'inaugurazione, il Colosseo poteva venire riempito d'acqua per inscenare delle "battaglie navali" (naumachie) dove i gladiatori combattevano a bordo di piccole imbarcazioni; qui è stata ricostruita la scena da un artista del XVIII sec.

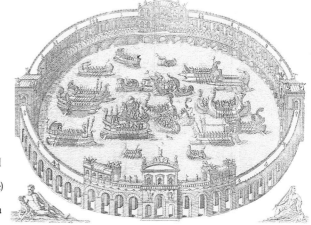

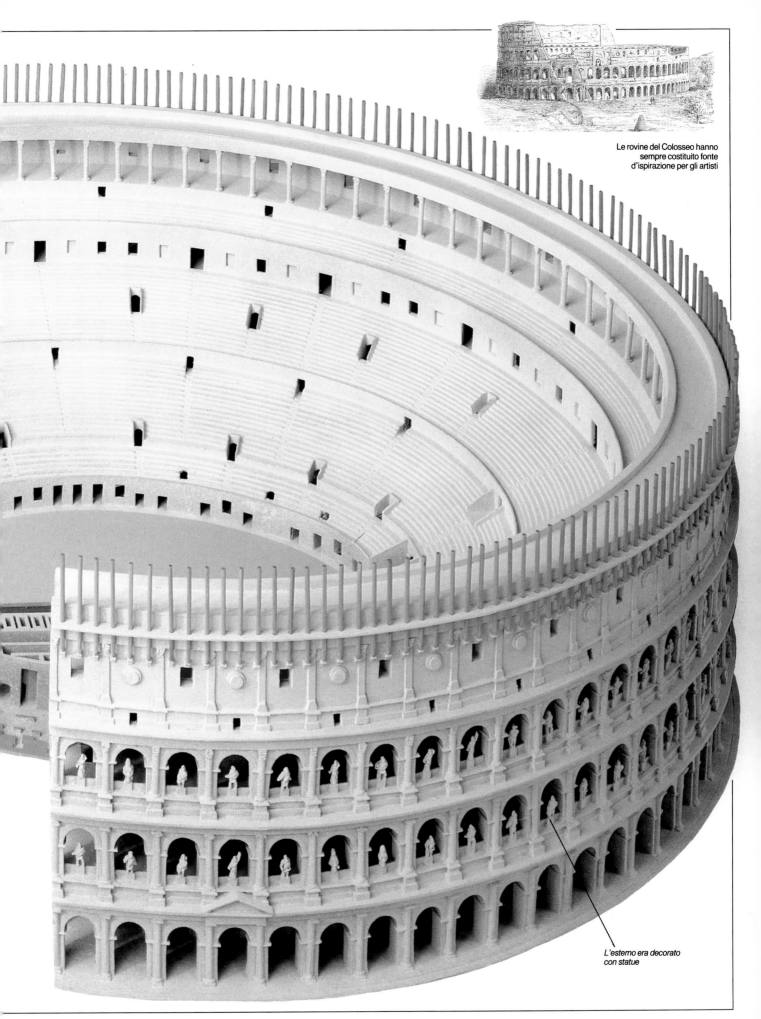

Le rovine del Colosseo hanno sempre costituito fonte d'ispirazione per gli artisti

L'esterno era decorato con statue

Lotta mortale

È probabile che i combattimenti fra i gladiatori abbiano tratto origine da riti religiosi: all'inizio si tenevano infatti durante la celebrazione di funerali. Ma nell'età degli imperatori essi divennero uno spettacolo puro e semplice ove tutti si divertivano e poche erano le voci di protesta. I gladiatori erano per lo più schiavi o malviventi che venivano duramente addestrati in apposite scuole. Talvolta, riuscivano a sopravvivere e guadagnarsi la libertà; comunque i gladiatori, per il loro modo di vivere, erano oggetto di ammirazione, come testimoniano i graffiti che qualcuno ha inciso su un muro di Pompei, dedicati ad un tracio di nome Celadus: «l'uomo che faceva sospirare tutte le ragazze». Non mancarono poi alcuni uomini che diventarono volontariamente gladiatori, come l'imperatore Commodo che scioccò tutta Roma combattendo egli stesso nell'arena. La maggior parte di questi uomini, addestrati per uccidere, vissero una vita breve e violenta. Vi erano molti tipi di gladiatori, ciascuno contraddistinto da armi proprie. Gli spettatori abituali avevano i loro favoriti: l'imperatore Tito parteggiava per i traci; Claudio detestava i reziari.

UN PICCOLO SCUDO
Questo piccolo scudo di bronzo è appartenuto probabilmente ad un tracio (p. 33). Brunito per luccicare come l'oro, non offriva molta protezione durante il combattimento.

REZIARIO

In questa decorazione d'oro su vetro è rappresentato l'agile reziario, dotato di un equipaggiamento simile a quello di un pescatore con una rete munita di pesi, per catturare il nemico, ed un tridente, come quello del dio Nettuno, per trafiggerlo. Quando perdeva la sua rete, il reziario il più delle volte era destinato a soccombere.

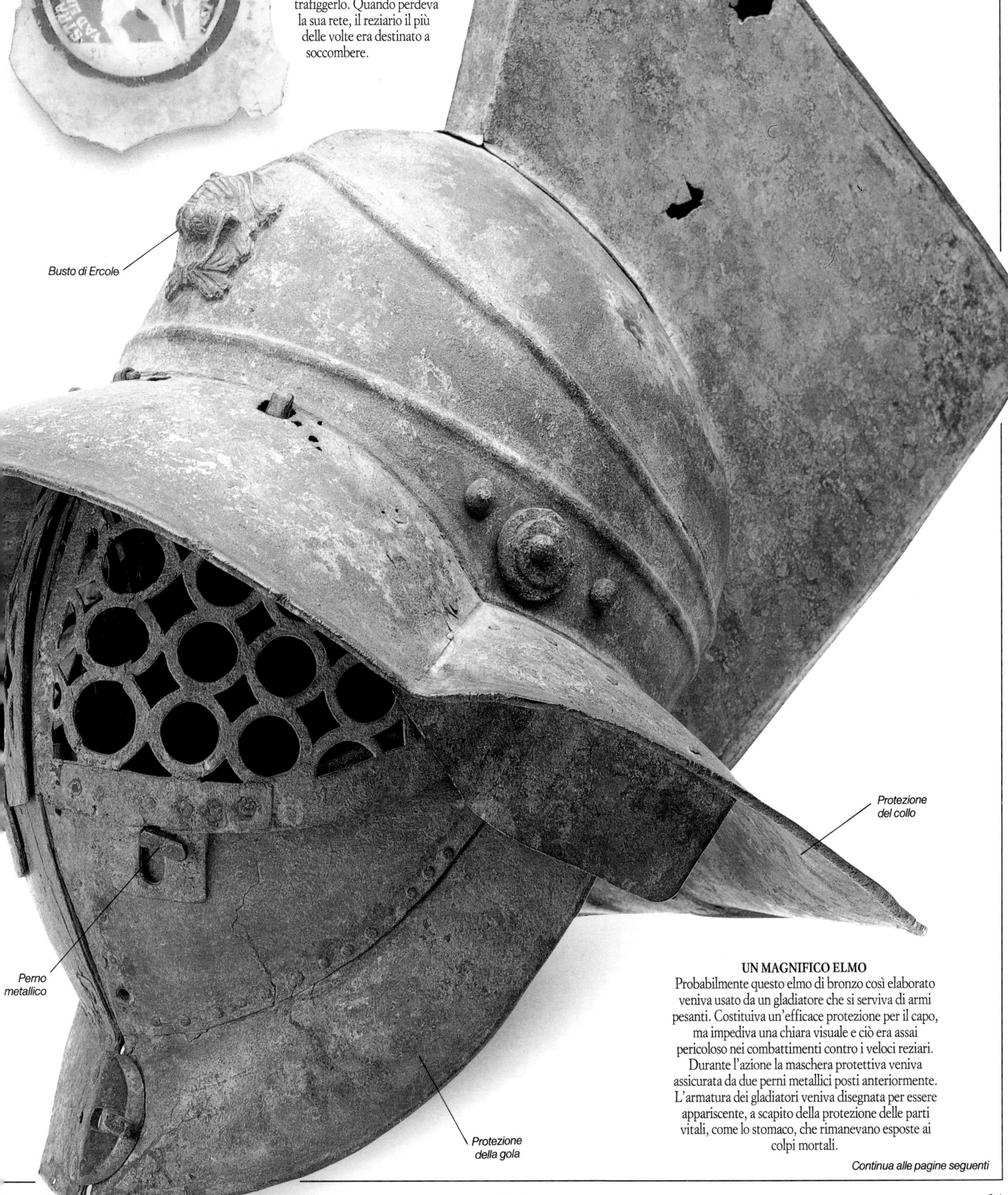

Cresta di bronzo decorativa

Busto di Ercole

Protezione del collo

Perno metallico

Protezione della gola

UN MAGNIFICO ELMO

Probabilmente questo elmo di bronzo così elaborato veniva usato da un gladiatore che si serviva di armi pesanti. Costituiva un'efficace protezione per il capo, ma impediva una chiara visuale e ciò era assai pericoloso nei combattimenti contro i veloci reziari.

Durante l'azione la maschera protettiva veniva assicurata da due perni metallici posti anteriormente. L'armatura dei gladiatori veniva disegnata per essere appariscente, a scapito della protezione delle parti vitali, come lo stomaco, che rimanevano esposte ai colpi mortali.

Continua alle pagine seguenti

Continua dalla pagina precedente

Artigli e acciaio

I giochi che si tenevano nell'anfiteatro duravano una giornata intera. Al mattino venivano portati gli animali selvaggi che dovevano intrattenere gli spettatori azzannandosi fra di loro, affrontando i "cacciatori" o semplicemente uccidendo malviventi disarmati. Alcuni martiri cristiani sono morti in questo modo, ma non ci è giunta alcuna prova certa che nel Colosseo avvenissero fatti di questo genere. Verso mezzogiorno vi era una pausa durante la quale venivano rimossi i corpi e veniva sparsa nuova arena, mentre cresceva l'eccitazione per lo spettacolo di maggiore attrazione della giornata: la lotta gladiatoria.

ELEFANTE
La continua richiesta di novità nell'arena spinse i Romani a perlustrare tutto il mondo fino ad allora conosciuto alla ricerca di animali esotici come questo elefante africano.

VERSO LA MORTE
Tutte le specie di animali catturate in terre straniere, come questa antilope, venivano caricate su delle imbarcazioni dirette a Roma e al Colosseo. Per gli imperatori era talmente importante allestire spettacoli eclatanti che spendevano ingenti somme per questi traffici poco nobili.

Spalla non protetta

Leopardo che sta attaccando la parte protetta del braccio

"IL BRUTO DOMATORE DI POMPEI"
Gli Inglesi dell'epoca vittoriana furono affascinati in particolar modo dagli spettacoli dell'arena. Questo domatore di leoni del XIX sec. indossava un costume romano per i suoi spettacoli.

ORSO
È probabile che i Romani trovassero nei confini dell'Impero gli orsi per gli spettacoli nell'arena. Ma a volte giungevano anche animali che vivevano oltre i confini del mondo romano, come orsi polari, tigri indiane e rinoceronti.

ATTACCO A SORPRESA
Su questa placca d'argilla è ritratto un leopardo mentre sta assalendo un imprudente *bestiarius* (combattente con gli animali). Ad alcuni lottatori piaceva mettersi in mostra, per esempio lottando contro grossi felini mantenendosi in equilibrio sui trampoli, ma gli spettatori si divertivano tanto nel vedere uccidere gli animali quanto i loro avversari; faceva tutto parte del "divertimento".

DISEGNI DI MORTE

Sulla sinistra si può vedere parte della maschera protettiva dell'elmo di un gladiatore. I buchi erano abbastanza piccoli da proteggere il viso dai colpi di spada o di tridente e senza impedire eccessivamente la visuale. Quando il proprietario veniva ucciso, la sua gloriosa armatura veniva riparata e passata ad un altro.

IL MOMENTO FINALE

Su questa lampada ad olio è raffigurato l'ultimo istante di un combattimento. Il gladiatore ferito sta fissando la morte in faccia mentre il vincitore sta sopra di lui pronto a sferrare l'ultimo colpo, quello mortale.

Salva-spalla per proteggere il collo

UNA VITA NELL'INCERTEZZA

Questa statuetta di bronzo rappresenta un gladiatore da armi pesanti con l'armatura che gli ricopre il capo, le braccia e le gambe, ma non lo stomaco. Il suo scudo è a terra. Probabilmente è ferito e sembra che stia alzando il braccio per chiedere di venire risparmiato.

Daga ricurva

ARMATURA LEGGERA

Come si può notare in queste due statuette, alcuni gladiatori si servivano di un'armatura leggera. Sulla sinistra vi è un tracio che sta impugnando una daga ricurva ed uno scudo molto piccolo; quello sulla destra è un reziario (p. 31).

I gladiatori

I gladiatori urlavano all'imperatore «i morituri ti salutano» e davano inizio al combattimento con un accompagnamento musicale (p. 48). Lottavano contemporaneamente a coppie. Quando un gladiatore veniva ferito poteva appellarsi alla clemenza dell'imperatore il quale, prestando ascolto alla folla, stabiliva se aveva combattuto bene da essere risparmiato. In caso di risposta negativa, il gladiatore veniva finito.

KIRK DOUGLAS
SPARTACUS

UN DUELLO ALL'ULTIMO SANGUE

Su questa placca d'argilla sono raffigurati due gladiatori dall'armatura pesante in un combattimento all'ultimo sangue; uno sta tentando di trafiggere il collo dell'avversario mentre l'altro il suo addome scoperto.

GLADIATORE DI CELLULOIDE

Il film *Spartacus* ha rappresentato sulla scena l'antico terrore dell'arena. Come mostra l'illustrazione Spartaco indossa l'uniforme di tracio (anche se non ha l'elmetto) ed è impegnato in un combattimento contro un reziario. Ha perso lo scudo ed ha afferrato la rete del suo avversario per non venire intrappolato.

Una giornata alle corse

Il popolo romano nel tempo libero amava assistere alle corse puntando e facendo scommesse sugli ipotetici vincitori, incitando le squadre e sfamandosi con spuntini acquistati sul posto. In un'atmosfera carica di allegria, i cocchi cigolavano e i cavalli scalpitavano in attesa della partenza. Allo sventolio di una bandierina bianca, il segnale di partenza, i cancelli si aprivano ed i carri scomparivano in una nuvola di polvere. La platea si lanciava in urla sfrenate incitando i favoriti. La gente seguiva le squadre predilette e i conducenti favoriti con la stessa passione con cui i moderni tifosi di calcio seguono le partite di pallone e a volte la rivalità tra i tifosi scatenava atti di violenza.

ASSISTENDO ALLO SPETTACOLO
Questo mosaico illustra delle persone che assistono ad una corsa: uomini e donne potevano sedere accanto, contrariamente agli spettacoli teatrali e di gladiatori. Il poeta Ovidio scrive che le corse erano un luogo ideale per incontrare un compagno o una compagna.

IL VINCITORE
Il cocchiere vincente (sopra) riceveva la palma della vittoria ed una borsa d'oro e veniva acclamato come un eroe.

BEN HUR
Il film storico *Ben Hur* ha cercato di descrivere l'esaltazione di un cocchiere e i pericoli che correva. Controllare una quadriga (cocchio a quattro cavalli) in pieno galoppo era quasi un'impresa, specialmente nelle curve dove il rischio era elevato e dove molti cocchieri cadevano.

I cocchi erano molto leggeri per consentire la massima velocità

IL COCCHIO E IL CAVALLO
Le bighe erano cocchi trainati da due cavalli, le quadrighe da quattro. I cavalli da corsa erano custoditi in scuderie speciali. Questo modello in bronzo rappresenta una biga (uno dei cavalli è andato perduto). Alle corse prendevano parte sino a 12 cocchi, che percorrevano sette giri (per un totale di circa 8 km). Spesso i conducenti cadevano, si ferivano o morivano, ma tutto ciò non faceva che aumentare l'eccitazione di una platea senza pietà. I cocchi potevano vincere anche privi di conducente, se tagliavano il traguardo per primi.

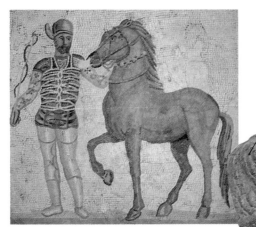

UN UOMO E IL SUO CAVALLO

Questo cocchiere indossa un'armatura di cuoio per proteggersi nelle cadute. I cocchieri più bravi spesso diventavano molto famosi e, sebbene per la maggior parte fossero schiavi, a volte guadagnavano denaro sufficiente per comprare la propria libertà. I loro cavalli da corsa avevano nomi come Candidus (Candido), Rapax (Rapace) e Sagitta (Freccia).

Testa d'ariete sull'estremità dell'asta del cocchio

Durante il periodo in cui erano al massimo della forma, i cavalli campioni venivano utilizzati come stalloni per l'allevamento

LA DECORAZIONE DI UN COCCHIO

I cocchi erano studiati sia per correre veloci sia per apparire belli: a volte avevano delle splendide decorazioni, come questa che raffigura un Tritone.

Un Tritone soffia in una conchiglia

RICOSTRUZIONE DELLA PISTA DA CORSA

La più grossa di tutte le piste, il Circo Massimo a Roma, poteva accogliere più di 250 000 persone. I cocchi partivano dai cancelletti di partenza (tra le due torri) e correvano compiendo giri in senso antiorario. Dopo sette giri, i superstiti tagliavano il traguardo davanti al palco imperiale, sulla destra.

Il teatro

Il teatro romano fu in gran parte derivato da quello greco e gli attori migliori erano di solito greci. In un primo periodo le rappresentazioni teatrali facevano parte di manifestazioni religiose e più tardi furono sovvenzionate dai benestanti che le resero popolari. I biglietti erano gratuiti, e forse proprio per questo era difficile procurarseli. Sebbene tutte le classi sociali apprezzassero le commedie, gli attori erano considerati persone scandalose. Alle donne non era consentito sedersi nelle prime file, nel caso fossero tentate di scappare con uno degli attori! Nelle loro commedie gli autori, come Plauto, imitavano gli scrittori greci. Le storie raccontavano di persone, quali ereditiere rapite, vecchi stupidi, schiavi ingegnosi, e solitamente avevano un lieto fine. La platea romana preferiva le commedie alle tragedie. I Romani crearono anche generi originali, come la mimica e la pantomima, in cui un attore, accompagnato da canti e musica, danzava e mimava una storia ispirata alla mitologia classica.

MOSAICI DI MASCHERE
Gli attori romani erano uomini (le donne potevano apparire solamente nella mimica) ed indossavano maschere molto elaborate, come queste raffigurate in un mosaico di Roma. Qui sono indicati i tipi di personaggi che recitavano, sia vecchi che giovani, maschi e femmine, dei ed eroi. Le maschere erano abbastanza leggere ma tenevano molto caldo.

MASCHERE TRAGICHE
Gli attori tragici rappresentavano i propri drammi avvalendosi di maschere tragiche. A sinistra è riportata una scultura in marmo di una maschera tragica femminile. Le vere maschere erano probabilmente fatte di tela modellata e indurita con una apertura per la bocca, attraverso la quale l'attore parlava, e con delle fessure per vedere.

UN ATTORE COMICO
Lo schiavo sorridente e intrigante era uno dei personaggi tipici delle commedie romane. Quando i suoi piani venivano scoperti, finiva spesso per rifugiarsi in un tempio e si sedeva sull'altare, come la statuetta in bronzo raffigurata qui sopra. Sino a che non usciva allo scoperto, si trovava al sicuro dagli inseguitori.

UNA COMPAGNIA TEATRALE
Questo mosaico (oggi conservato a Napoli) raffigura un gruppo di attori in costume e con le maschere mentre danzano e suonano strumenti musicali (p. 48).
Il pifferaio è vestito da donna e indossa la maschera bianca di un personaggio femminile.

UN TEATRO ROMANO

I teatri romani erano solitamente all'aperto. Quello a Orange, in Francia, poteva ospitare 9000 persone sulla scalinata semicircolare. La massiccia parete dietro il palco possedeva un tempo 76 colonne decorative in pietra, oltre a molte statue. Aveva anche tre porte attraverso le quali gli attori facevano il loro ingresso in scena.

DIETRO LE QUINTE

Un mosaico di Pompei raffigura un gruppo di attori che provano una commedia. Si possono vedere due attori che ripassano i passi di una danza ed un altro che viene aiutato a indossare il costume. Un musicista sta suonando un doppio flauto mentre la maschera è pronta per essere indossata.

Pugnale

Borsa di denaro

Lampada

Statuetta che regge un pugnale

Contrariamente agli altri commedianti romani, i mimi non indossavano la maschera

Il simbolo classico del teatro: maschere tragica e comica

Statuetta che regge una borsa di denaro

Statuetta che regge una lampada

TRE MIMI

Queste statuette in terracotta mostrano un gruppo di mimi che recitano. Il mimo era una delle rappresentazioni popolari preferite dai Romani. Era una specie di rozza commedia, molto diversa dal mimo moderno, in quanto gli attori parlavano. Differiva dalle altre rappresentazioni teatrali dell'epoca: veniva spesso eseguita su palcoscenici rudimentali di legno costruiti per le strade, gli attori non indossavano maschere e le donne recitavano i ruoli femminili. Il mimo aveva un personaggio tipico come lo Stupido. Si può immaginare dagli oggetti nelle mani dei mimi che tipo di complotto essi stavano tramando: forse si trattava della ricerca di un tesoro nascosto o dell'organizzazione di un tradimento.

Una gita alle terme

Erano poche le case romane dotate di bagno privato; la maggior parte della gente frequentava i grossi stabilimenti termali pubblici. Questi non erano solamente i luoghi dove ci si lavava: ci si recava ai bagni dopo una giornata di lavoro per fare esercizi ginnici, giocare, incontrare gli amici, chiacchierare e rilassarsi. Le donne frequentavano bagni separati oppure ci si recavano al mattino. Dopo un cortile per gli esercizi vi era una complessa costruzione. Gli spogliatoi, dove si lasciavano gli indumenti su scaffali, conducevano ad una serie di camere via via più calde. Il calore poteva essere secco (come la sauna) o umido (come il bagno turco) e lo scopo era quello di pulire i pori della pelle con il sudore. Il sapone a Roma non era usato ed al suo posto veniva impiegato l'olio d'oliva. Più oltre vi era la piscina fredda che permetteva di richiudere i pori. La visita alle terme poteva concludersi con un massaggio rilassante, prima di tornare a casa per la cena.

LE FONDAMENTA DELLE TERME
Queste fondamenta di una costruzione termale sono state scoperte a Londra in Inghilterra nel 1989. Si possono osservare le basi dei pilastri di mattone che un tempo sostenevano il piano rialzato. L'aria calda che circolava attraverso questo spazio riscaldava il pavimento e la stanza soprastante (vedi l'illustrazione qui sotto).

Gettone d'avorio per un gioco da tavola

L'iscrizione sul gettone qui sopra significa "sfortuna"

Gettoni da gioco d'avorio (sopra), d'osso e di vetro

Dado d'agata

Dado di cristallo

Dadi di metallo a forma di uomo accovacciato

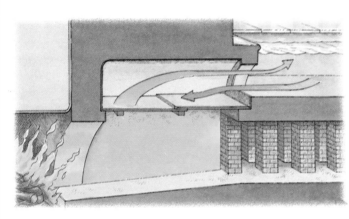

IL RISCALDAMENTO DEI BAGNI
I fuochi alimentati dagli schiavi dall'esterno dei bagni mandavano aria calda sotto il pavimento e attraverso piastrelle cave il calore raggiungeva le ciminiere sul tetto. Il pavimento e le pareti diventavano così calde che i frequentatori dovevano indossare calzature di legno per non scottarsi i piedi. Il fuoco era anche usato per bollire l'acqua nelle taniche e per riscaldare le piscine, come indica il disegno a sinistra.

LE TERME DI BATH
La sorgente calda naturale di Bath, in Inghilterra, era usata dai Romani come centro di cure termali. La gente sofferente vi affluiva da tutti i dintorni per cercare rimedi immergendosi in queste acque e pregando Sulis, la locale dea celtica, che i Romani identificavano con Minerva (p. 50). La gente ancor oggi utilizza quest'acqua per le sue proprietà curative.

Giochi e scommesse

La gente si recava ai bagni per tenersi in esercizio e giocare nei cortili. Alcuni si allenavano con i pesi, mentre altri giocavano con la palla. I meno dotati acquistavano bevande e spuntini dai venditori o si sedevano all'ombra giocando a giochi da tavola o scommettendo con i dadi (il passatempo preferito da Augusto). Questo genere di giochi era anche praticato nelle taverne o nelle case, lontano dal rumore e dal trambusto dei bagni.

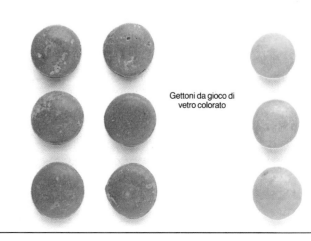

Gettoni da gioco di vetro colorato

UN SET TASCABILE
Questo set tascabile da bagno in bronzo del I o II secolo d.C., trovato a Londra, comprende degli strumenti utili per l'igiene personale.

Pulisci-orecchio

Pulisci-unghie

Pinzette

Maniglia per appendere gli utensili di pulizia

Coperchio della fiaschetta dell'olio

Fessura per appendere la patera

SPUGNE E STRIGILI
Questo acquarello del XIX secolo (sopra) di Sir Lawrence Alma-Tadema raffigura delle donne romane ai bagni che si lavano con spugne e strigili.

UNA DOCCIA FREDDA
Le ciotole per versare l'acqua (*paterae*), come questa in bronzo (a sinistra), servivano per versare l'acqua fredda sul corpo in modo da richiudere i pori della pelle dopo un bagno bollente. Molta gente si faceva aiutare da servi o schiavi personali.

La base della patera è stata corrosa attraverso i secoli

UN SET COMPLETO PER I BAGNI
Questo set comprendeva l'armamentario completo per una visita alle terme. La fiaschetta per l'olio e un paio di strigili (per tergere l'unto, il sudore e lo sporco dalla pelle) sono appesi ad una maniglia portatile. Questa è molto simile ad un portachiavi dove gli arnesi potevano essere facilmente sganciati.

Parte ricurva dello strigile per grattare via lo sporco

LA FIASCHETTA DELL'OLIO
Decorata con tre visi africani, forse servi delle terme, questa fiaschetta per l'olio del II secolo è probabilmente la prima testimonianza di gente di colore presente in Britannia.

Le testimonianze scritte

Entro i confini dell'Impero romano si parlava una grande varietà di lingue, ma nelle comunicazioni scritte e nelle circostanze ufficiali erano usati il latino ad occidente ed il greco ad oriente. Furono i Romani ad introdurre l'uso della scrittura nell'Europa settentrionale, dove è ancora in uso l'alfabeto latino. Questo era costituito da sole 22 lettere (la I e la J non erano distinte, così come la U e la V, mentre la W e la Y non esistevano). Le modalità della scrittura erano diverse: dalle incisioni su pietra a lettere private scarabocchiate su tavolette di cera, dagli eleganti poemi e storie incisi con molta cura su rotoli di pergamena ai conti dei commercianti scalfiti su cocci. I pochi testi conservati sino ad oggi sono molto preziosi poiché contengono informazioni che i reperti archeologici non possono darci; gli scritti sono il solo mezzo attraverso il quale i Romani possono ancora "raccontarci" qualcosa sui loro costumi, sul loro mondo, sulla politica di allora, su quello che pensavano e su ciò in cui credevano. Malgrado l'importanza dello scrivere, la maggior parte della gente comune era analfabeta, sia a causa di una scarsa istruzione (p. 20), sia perché, mancando ogni genere di stampa, i libri dovevano essere copiati a mano ed erano perciò rari e costosi.

LA GRAFIA ROMANA
La grafia normale era molto diversa dalle familiari lettere maiuscole che si vedono sulle iscrizioni. Questo è un frammento di una lettera latina scritta con l'inchiostro su una tavoletta di legno trovata in un pozzo nella fortezza di Vindolanda nei pressi del Vallo di Adriano. Indirizzata a un decurione di nome Lucio, parla di un gradito dono di ostriche da parte di un amico dello scrivente.

LA COLONNA DI TRAIANO
L'iscrizione alla base della colonna di Traiano è un famoso esempio di caratteri maiuscoli ben proporzionati, il cui impiego era frequente sulle mura o sulla pietra. Questo esempio di grafia ha rappresentato lo stile di scrittura romana per centinaia di anni.

INCHIOSTRO DALLA FULIGGINE
La fuliggine veniva mescolata all'acqua e ad altri ingredienti per produrre inchiostro, usato per scrivere su papiri, legno e pergamene.

I NUMERI ROMANI
Contrariamente ai numeri arabi, i numeri romani sono costituiti da cifre che devono essere addizionate: I corrisponde a 1, V a 5, X a 10, C a 100 e così via. I numeri alti erano molto complicati, ad esempio 1778 si scrive MDCCLXXVIII.

RICICLARE IL LEGNO
La cera vergine veniva fusa e versata all'interno di piccole incisioni sulle tavolette di legno per ottenere una superficie riutilizzabile su cui scrivere.

Il numero 4 poteva essere scritto IV o IIII

I numeri romani vengono usati ancora oggi, ad esempio sugli orologi

Pergamena

UN ANTICO CALAMAIO
A destra è raffigurato un calamaio di porcellana egiziano che risale al I secolo d.C.

UNA COPPIA DI SCRITTORI

Questo ritratto trovato a Pompei raffigura una donna con una tavoletta di cera e un uomo con un rotolo di papiro. La tavoletta è costituita da due fogli che si richiudono per proteggere la scrittura. I libri romani consistevano di uno o più rotoli; i libri con le pagine furono introdotti solo alla fine dell'epoca romana.

CALAMAI INTARSIATI

Calamai molto costosi per decorare le scrivanie dei benestanti erano un'opportunità per gli artigiani, che potevano così dimostrare la propria abilità (p. 42). A sinistra è riportato un esemplare in bronzo con intarsi d'argento, munito di coperchio per evitare che l'inchiostro si seccasse. Sotto vi è una coppia di calamai di bronzo rivestiti di niello nero (solfuro d'argento o di rame) decorato con intarsi d'argento e oro a carattere mitologico.

Penna di canna con pennino inciso nel mezzo

Penna di bronzo

Stilo in bronzo, rinvenuto ad Atene

Estremità a spatola per lisciare la cera e cancellare la scrittura

Stilo in acciaio ricoperto di bronzo

Stilo d'avorio

UN CALAMAIO APPESO

Su questo calamaio di porcellana sono stati praticati tre fori ai quali erano attaccate delle corde per appenderlo.

PENNE E STILI

Le penne di canna, con il pennino inciso nel mezzo, o di metallo erano usate per scrivere con l'inchiostro su pergamena, su papiro o su legno. Lo stilo appuntito serviva invece per scrivere sulle tavolette di cera.

Papiro

PAPIRI E PERGAMENE

I testi ordinari erano scritti su tavolette di cera riutilizzabili o su sottili strati di legno, molto economici. I papiri egizi (carta fabbricata con fibre vegetali) erano usati per documenti più importanti come i contratti legali. I libri di maggior pregio erano di pergamena o di pelli animali (solitamente di capretto o agnello), molto resistenti e con una superficie adatta ad essere impressa dalla scrittura.

Artigiani e tecnologia

Gli oggetti romani che si sono conservati testimoniano una grande abilità nel lavorare tutti i tipi di materiali: pelli, tessuti, metalli e vetro. L'arte della ceramica era un'industria esercitata su larga scala in alcune zone, dove le brocche per il vino (p. 60) e i vasi rossi di porcellana di Samo (p. 47) erano fabbricati a milioni in grandi laboratori. Molti vasai erano schiavi o liberti e i loro nomi indicano che essi, come altri artigiani, erano in prevalenza maschi. Altri mestieri erano esercitati su scala più ridotta da artigiani che lavoravano da soli in botteghe di cui rimangono tracce a Pompei. A quei tempi l'abilità veniva acquisita con l'esperienza e la pratica. I figli imparavano dai padri, gli schiavi dai padroni o dai liberti; non esistevano scuole o corsi particolari. Gli artigiani con un talento particolare, anche se erano schiavi, potevano sperare di fare fortuna con piccoli pezzi speciali ordinati dai clienti facoltosi.

Ritratto sul fiasco

Decorazioni a forma di lacrime

CONTENITORE PER COSMETICI
Questo recipiente prodotto in serie era probabilmente usato come contenitore di cosmetici. Fu fabbricato soffiando una bolla di vetro in uno stampo.

UNA COPPA MODELLATA
Soffiare in uno stampo era la tecnica impiegata per produrre coppe di vetro come questa. Lo stampo aveva al suo interno una decorazione a lacrime.

La lavorazione del vetro
Il vetro si fabbricava già da molto tempo ma nel I secolo a. C. qualcuno scoprì che era possibile soffiare il vetro in bolle da cui potevano essere ottenuti velocemente vasi a poco prezzo. Ben presto il vetro fu soffiato in stampi, permettendo la produzione in serie di bottiglie e fiaschi decorati. Il vetro non era più un lusso, ma divenne un materiale largamente impiegato. A volte i vetri rotti venivano conservati per essere riciclati, proprio come si fa oggi.

UNA BOCCIA BLU
Fabbricata probabilmente con l'antica tecnica di pressare il vetro in uno stampo, questa boccia è fatta di vetro blu molto costoso. Forse veniva usata per abbellire la tavola ad una cena (p. 46).

Barattolo di vetro

Motivi dorati che decorano il vetro

IL VASO DI PORTLAND
Il vaso di Portland, soffiato nel vetro, è uno degli oggetti più preziosi conservati dall'epoca romana. Uno strato di vetro bianco sopra una parte centrale blu è stato intagliato con grande abilità per ricavare un'elegante scena con personaggi e foglie bianchi su uno sfondo blu. Il lavoro fu probabilmente eseguito da un gioielliere con la tecnica del cammeo, utilizzata per intagliare figure nella pietra (p. 9). La lavorazione richiedeva molti mesi. Un'opera d'arte così importante poteva benissimo appartenere ad un imperatore: pochi altri se lo sarebbero potuto permettere.

Coperchio del barattolo

VETRO COLORATO
Strisce di vetro colorate e d'oro abbellivano alcuni vasi, come questo piccolo barattolo e il suo coperchio. Esso era probabilmente usato per custodire preziosi cosmetici (p. 18) di qualche signora molto elegante.

La lavorazione del metallo e la gioielleria

Oro, argento, piombo, rame, ferro ed altri metalli erano largamente usati dai Romani. Essi coltivavano miniere e sapevano estrarre i metalli dai minerali e fonderli per poi colarli in stampi, ma non avevano fornaci ove raggiungere la temperatura per fondere il ferro, che era allora forgiato a caldo. I metalli erano mescolati per ottenere delle leghe, come il bronzo, una miscela di rame e stagno. Nel bronzo romano veniva aggiunto anche lo zinco, che conferiva alle leghe un colore dorato.

La lavorazione dell'osso

Utilizzato per fabbricare molti utensili di tutti i giorni come coltelli, forcine e pettini, l'osso aveva ampio impiego nel mondo antico. Era anche molto usato per le impugnature delle spade. Le ossa degli animali fornivano anche materiale per sculture e per gli intarsi da applicare su scatole di legno. I gettoni e i dadi da gioco erano frequentemente ricavati dall'osso (p. 38).

UNO SPECCHIO D'ARGENTO
Gli specchi di vetro non erano ancora stati inventati all'epoca dei Romani e al loro posto venivano usati metalli lucidi. Questo specchio d'argento è unito ad un manico fabbricato separatamente, ripetendo la forma della clava e della pelle di leone di Ercole (il mitico eroe greco).

Testa di donna sull'estremità della forcina

Profili delle figure che venivano in origine intagliate con una lamina d'oro

Lama curva del coltello

SPILLE D'OSSO
I grossi aghi e le spille erano tra gli oggetti più comuni fabbricati con le ossa. Questi tre provengono da Colchester, in Inghilterra. Le forcine erano spesso necessarie per le elaborate acconciature delle donne romane (p. 19).

UNA PLACCA DI BRONZO
Questa placchetta di bronzo è decorata in superficie con una delicata lamina d'oro intarsiata . I profili delle figure sono stati disegnati prima di praticare l'intarsio.

GLI ARNESI DEL FABBRO
Le pinze d'acciaio erano probabilmente usate dai fabbri per introdurre i piccoli oggetti di metallo nella fornace.

COLTELLO CON L'IMPUGNATURA D'OSSO
I coltelli romani erano solitamente di questo tipo, con un'impugnatura ossea scolpita e un gancio per appenderli.

Gancio per appendere il coltello

PETTINE D'OSSO
Molti pettini romani erano simili a questo esemplare: i denti erano tagliati con una sega molto sottile.

UN GRUZZOLO DI GIOIELLI
Questi oggetti d'argento, frutto del lavoro di un orafo, fanno parte di un grosso tesoro di gioielli, monete e pezzi d'argento sotterrati a Snettisham, in Inghilterra, nel II secolo d.C.

Altri utensili dell'artigiano; questa lima di ferro ha perduto il manico di legno

Frammenti di vecchie collane, braccialetti ed anelli che venivano fusi per fare nuovi pezzi di gioielleria.

GLI ANELLI
Vi erano circa 89 anelli nel tesoro, alcuni dei quali portavano gemme lavorate e altri erano a forma di serpente.

Pendaglio d'argento da applicare alle collane

Lingotto d'argento

Questa pietra modellata trovata con il tesoro è un arnese per lucidare

La cucina romana

La cucina romana ci può apparire molto stravagante; ad esempio un piatto descritto da un antico scrittore consisteva in ghiri cucinati con il miele e semi di papavero. La cucina differisce molto dalla nostra anche perché molti dei cibi odierni non erano ancora conosciuti. Non vi erano patate o pomodori, che arrivarono in seguito dall'America, e la pasta non era stata ancora inventata. I Romani erano famosi per l'enorme quantità di piatti ornati ed elaborati, ma in realtà la maggior parte della gente comune si cibava di cose semplici. Solo alcuni, tra i poveri, avevano accesso a una cucina e comperavano i cibi caldi nelle *thermopolia* per le strade della città. La loro alimentazione era probabilmente basata su pane, fagioli, lenticchie e un po' di carne. Persino i romani benestanti, inclusi gli imperatori, di giorno mangiavano molto poco. L'unico pasto abbondante era la cena (p. 46). Le grandi case possedevano cuochi esperti che riservavano gran parte della loro abilità a piatti molto complicati. La decorazione delle vivande era molto curata e si serviva di salse, erbe e spezie, oltreché di una studiata disposizione delle vivande nei piatti. L'aspetto del cibo era ritenuto tanto importante quanto il sapore.

Topi come questi saccheggiavano le cucine romane

UNA GRATTUGIA D'EPOCA
La forma delle grattugie è cambiata di poco dal tempo dei Romani. Questa grattugia in bronzo, molto simile a quelle moderne, era probabilmente usata per preparare formaggi e verdure.

IL COLTELLO DEL CUOCO
I cuochi esperti avevano sempre un coltello ben affilato a portata di mano, che usavano soprattutto per tagliare la carne.

IL CUCCHIAIO DI LEGNO
I cucchiai di legno sono stati ritrovati in quasi tutte le cucine romane. Questo esemplare proveniente dall'Egitto si è conservato abbastanza bene grazie al clima arido, ma la maggior parte degli oggetti di legno è marcita col tempo.

Il solco sul bordo del mortaio serviva per versare il prodotto ottenuto

UNA BANCARELLA DI CIBI
Questo mosaico romano raffigura pollame, pesce e verdure appena acquistati a una bancarella del mercato. Il pesce fresco era spesso molto costoso per le difficoltà nel trasportarlo al mercato prima che imputridisse.

IL PESTELLO E IL MORTAIO
Il mortaio dei Romani era l'equivalente del nostro miscelatore elettrico. Di ceramica molto resistente dalla superficie ricoperta da graniglia ruvida, veniva usato insieme ad un pestello per ridurre le cibarie in poltiglia. Usare il mortaio era un lavoro molto faticoso e quando la superficie si consumava la graniglia si mescolava al cibo.

UNA BOTTIGLIA RIUTILIZZABILE
Le bottiglie di vetro trasparente con il manico erano usate per vendere i liquidi di un certo valore: una volta vuote, venivano spesso usate per conservare i cibi in cucina, come si usa fare oggi con i barattoli di vetro.

UNA PENTOLA DI BRONZO

Il bronzo era molto usato per fabbricare gli utensili da cucina poiché può essere lavorato facilmente ed è adatto alla cottura dei cibi. Ma il bronzo è una lega costituita per la maggior parte di rame che può deteriorare alcuni cibi rendendoli persino velenosi. La pentola a sinistra era stata rivestita d'argento per evitare che ciò accadesse.

Le stoviglie venivano appese alla parete della cucina con questo foro

UN COLINO DI BRONZO

I cuochi romani usavano i colini per lo stesso scopo dei cuochi moderni: per scolare i cibi bolliti e per separare i succhi dalle salse. Come esemplifica l'illustrazione di destra, venivano praticati dei fori che, spesso, seguivano un disegno decorativo.

UNA CUCINA ROMANA

In questa cucina di Pompei si può vedere il fornello su cui poggiano ancora le pentole di bronzo (p. 57). I fornelli romani erano alimentati da legno e carbonella.

Il sedano era una verdura molto apprezzata nella Roma antica

UN UTENSILE PER FOCACCE

Non sappiamo esattamente a cosa servisse questo curioso utensile; probabilmente era destinato alla cottura delle focacce.

Timo

Semi di coriandolo

Chicchi di ginepro

I Romani usavano una gran varietà di erbe per cucinare: tutte crescevano abbondanti nel caldo clima mediterraneo

Pepe

Ruta

Origano

LA SALSA DI PESCE

Un ingrediente molto apprezzato nella cucina romana era il *garum*, una salsa dal gusto molto forte preparata con pesce, sale e altri ingredienti. Il *garum*, come le olive, l'olio e il vino, era venduto in anfore (p. 60). Il sapore molto forte probabilmente contribuiva a camuffare il gusto della carne e del pesce, che prima di essere cucinati venivano fatti frollare.

Pesci del Mediterraneo come questo erano utilizzati nella preparazione del *garum*

Un pranzo di gala

Dopo una giornata di lavoro iniziata all'alba (p. 38), il romano agiato si recava nella propria abitazione per il pasto principale della giornata, la cena. Questa normalmente iniziava alle due o alle tre del pomeriggio e durava nella calma più assoluta per diverse ore. Spesso era più un avvenimento sociale che un semplice pasto, in quanto vi partecipavano degli ospiti e tra una portata e l'altra vi erano intrattenitori, tra cui clown, danzatori e lettori di poesie, a seconda delle preferenze dei presenti. L'abbigliamento per la cena era costituito da un'elegante tunica greca chiamata *synhesis*; gli ospiti mangiavano distesi su grossi divani in cui vi era spazio anche per tre persone. Solitamente vi erano tre divani disposti attorno al basso tavolo da pranzo, sul quale gli schiavi servivano le portate. I Romani non usavano le forchette, e così dovevano lavarsi spesso le mani. In alcune cene di gala si beveva e si mangiava all'eccesso e si faceva gran baldoria, ma spesso si trattava anche di un'occasione per scambi culturali.

Una ricostruzione del XVIII secolo di donna romana con grappoli d'uva, forse una danzatrice a un pranzo di gala.

UNA BOCCIA DI VETRO
Raffinato vasellame di vetro adornava i tavoli dei ricchi. Oltre alle sue qualità estetiche, il vetro era molto usato anche perché era più facile da pulire della porcellana (che raramente era smaltata), e, contrariamente al bronzo, non deteriorava determinati cibi (p. 45).

IL VINO ROMANO
I Romani bevevano molte qualità di vini, secchi e dolci, descritti come vini neri, rossi, bianchi o gialli. La maggior parte dei vini doveva essere consumata entro tre o quattro anni dalla produzione, poiché un eccessivo invecchiamento ne pregiudicava le qualità. A volte si aggiungevano degli aromi, come ad esempio il miele. Era abbastanza comune che, all'inizio del pranzo, gli ospiti offrissero vini pregiati.

Il vino romano veniva solitamente mescolato all'acqua ed appariva di colore chiaro

Disegni bianchi concentrici sul vetro

Eleganti disegni sulla coppa

UN'ANFORA DI BRONZO
Le anfore per servire il vino e l'acqua erano solitamente di ceramica, vetro, bronzo o argento, a seconda di cosa poteva permettersi il padrone di casa.

UNA FESTA
Questo dettaglio di un dipinto del XIX secolo di Edward A. Armitage dà un'idea dell'atmosfera di un banchetto imperiale. Le tavole erano imbandite con cibo e anfore di vino.

COPPE PER IL VINO
Decorate con bellissimi disegni floreali, di uccelli e di insetti, queste coppe d'argento avevano lo stelo e la base. Le coppe da vino in ceramica e vetro erano quelle più comunemente usate.

La ceramica di Samo

La ceramica rosso lucente di Samo era molto apprezzata nel I e II secolo d.C. Venivano modellate varietà di piatti, bocce e coppe per bevande, dalle forme e dimensioni più svariate, sebbene non si sappia esattamente per che cosa venissero utilizzate. Fabbricate su vasta scala in laboratori in Italia e in Gallia, milioni di pezzi di questo vasellame venivano diffusi in tutto l'Impero e oltre i suoi confini. Essi erano eleganti, facili da pulire ed erano adatti ad essere imballati durante i trasporti. Una cassa di vasellame di Samo è stata trovata a Pompei. Questa era stata appena trasportata dalla Gallia e non era stata ancora aperta (p. 57).

Piatto di Samo con grappoli d'uva

Anfora da vino di porcellana di Samo

Questo è un piatto attuale

I Romani consumavano solitamente frutta fresca come dessert, compresi i fichi

Coppa di Samo

Le olive, che crescevano in abbondanza nelle regioni mediterranee, erano probabilmente consumate come antipasto, proprio come oggi

Decorazione con punte d'asparagi

QUAGLIE A SORPRESA

Sulla destra vi è l'edizione attuale di un piatto cucinato secondo un'antica ricetta romana. Questa consiste di piccoli uccelli serviti con salsa d'asparagi e uova di quaglia. Gli uccelli (in questo caso quaglie) venivano probabilmente disposti con cura su un piatto come questo per deliziare e stupire gli ospiti. Questi piccoli uccelli non avevano molta carne, ma probabilmente costituivano una delle molte portate, il cui numero e sfarzo servivano a impressionare gli ospiti.

La musica

La nobiltà romana giudicava la maggior parte della musica ed i musicisti piuttosto volgari, ma la musica, le canzoni e la danza erano amate dal popolo. Spettacoli musicali venivano tenuti nei teatri e accompagnavano anche feste private, cerimonie religiose ed altri avvenimenti pubblici, come gli spettacoli dei gladiatori. Molti strumenti romani erano di origine greca, come la lira (a destra). I più diffusi erano probabilmente gli strumenti a fiato, dai flauti di canna ai corni in bronzo. Questi producevano note alte adatte per esecuzioni all'aperto. Lo strumento più complicato era l'organo ad acqua, inventato da un greco nel III secolo a.C. Questo era dotato di una pompa che spingeva l'acqua in una camera chiusa, comprimendovi l'aria all'interno. Un sistema di valvole a mano faceva deviare quest'aria all'interno di una serie di canne musicali, producendo note o accordi come gli organi moderni. Sfortunatamente sebbene abbiamo notizie sulla musica, sugli strumenti, sulla danza e sulle preferenze musicali del popolo romano non sapremo mai esattamente riprodurre l'originale musica antica.

PAN E LA FISTULA
Questa statuetta di bronzo (sopra) raffigura il dio Pan (p. 51) con il tradizionale strumento dei pastori chiamato proprio per questo fistula di Pan. Questa è costituita da una fila di pifferi di canna di diversa lunghezza che producono note differenti.

MUSICA E DANZA
Il particolare di un mosaico sulla sinistra mostra una donna con delle nacchere che danza seguendo la musica di un doppio flauto suonato da un compagno. Gruppi di artisti si esibivano per le strade o venivano scritturati per apparire a cene importanti.

UNA DANZA FRENETICA
La musica e la danza erano parte importante del culto in alcune religioni e potevano aiutare i fedeli a raggiungere uno stato di estasi. I danzatori raffigurati nel rilievo in pietra qui sopra sono probabilmente seguaci della dea Iside (p. 50). Essi sono coinvolti in uno stato di gioia frenetica o trance musicale da movimenti ritmici.

LA MUSICA DEL RODITORE
Questa curiosa statuetta di un ratto musicista rappresenta la caricatura di un suonatore di corno.

DOPPIA DIFFICOLTÀ
Bronzetto che raffigura un satiro (dio dei boschi) che suona un doppio flauto, composto da un paio di flauti semplici e di cui non esiste un equivalente moderno. Doveva essere molto difficile imparare a suonarlo, in quanto si doveva soffiare all'interno dei due flauti contemporaneamente.

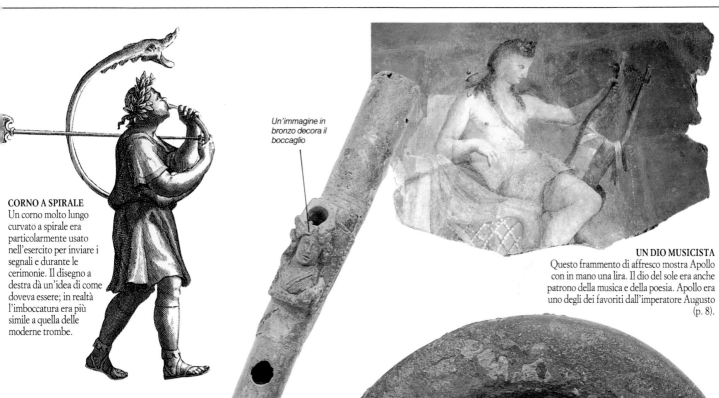

CORNO A SPIRALE
Un corno molto lungo
curvato a spirale era
particolarmente usato
nell'esercito per inviare i
segnali e durante le
cerimonie. Il disegno a
destra dà un'idea di come
doveva essere; in realtà
l'imboccatura era più
simile a quella delle
moderne trombe.

*Un'immagine in
bronzo decora il
boccaglio*

UN DIO MUSICISTA
Questo frammento di affresco mostra Apollo
con in mano una lira. Il dio del sole era anche
patrono della musica e della poesia. Apollo era
uno degli dei favoriti dall'imperatore Augusto
(p. 8).

IL FLAUTO
Come il flauto moderno questo
esemplare dell'epoca romana
veniva suonato soffiando attraverso
un'apertura. Esso è stato
ricomposto da frammenti corrosi,
probabilmente in maniera non
corretta, e non può essere suonato.

*I fori vengono ostruiti
dalle dita per ottenere
note differenti*

PIATTI DI BRONZO
Ritrovati a Preneste (l'attuale
Palestrina, Roma), questi piatti di
bronzo hanno dei fori al centro dove un
tempo vi erano delle cinghie di cuoio o di corda
che servivano a tenerli in mano. I Romani
suonavano pochi strumenti a percussione, tra cui il sistro
(una specie di sonaglio di metallo utilizzato soprattutto
durante le cerimonie religiose) e strumenti simili ai
tamburelli.

Un mondo con tante divinità

Nel periodo imperiale si adoravano un gran numero di dei e dee, semidei e spiriti, a cui venivano attribuiti forma e carattere umani. Il *pater familias* aveva il dovere di propiziarsi gli dei della casa come Vesta (focolare), i Penati (dispensa) e i Lari (antenati defunti). Analogamente sommi sacerdoti e magistrati garantivano, svolgendo analoghe funzioni, il bene della comunità. Alla fine del periodo repubblicano si diffusero a Roma e nelle province occidentali culti orientali. Le religioni misteriche divennero sempre più popolari: fra i vari culti ebbe particolare fortuna quello egizio di Iside e quello persiano di Mitra. Il culto ebraico-palestinese del cristianesimo, che minava per i suoi fondamenti egualitari la struttura della società romana, fu duramente perseguitato, sebbene presentasse molti tratti in comune con le altre religioni orientali.

IL DIO DEL TUONO
I Romani veneravano Giove, supremo essere celeste, come garante dell'ordine civile e sommo reggitore del mondo. Il Giove latino aveva ereditato le caratteristiche e gli attributi del dio greco Zeus. La sua dimora principale veniva identificata nel grande tempio eretto sul Campidoglio.

LA DEA DELLE DONNE
La moglie di Giove, Giunone, era la dea patrona delle donne. Questa statuetta d'argilla (sopra) la raffigura sul trono con un pavone, il suo simbolo.

IL TEMPIO DI AUGUSTO E LIVIA

Dopo la morte, molti imperatori venivano riconosciuti come divinità e venerati in templi appositamente edificati. Augusto e la moglie Livia (p. 9) furono entrambi divinizzati e in loro onore fu edificato a Vienne, in Francia, un tempio considerato la dimora della divinità a cui era dedicato; le offerte venivano fatte su un altare innalzato di fronte ad esso.

GLI DEI EGIZI
Alcuni romani adoravano dei stranieri, che entrarono a far parte del pantheon romano. Il culto della dea egizia Iside (a sinistra) unitamente a quello della dea Serapide (sopra) era uno dei più diffusi. Essi rappresentavano il ciclo della vita, della morte e della resurrezione e i culti misterici a loro legati ispiravano agli adepti la speranza in una vita ultraterrena.

UNA DEA SAGGIA
La guerriera Minerva, rappresentata con l'elmo e l'armatura, era la trasposizione romana della dea greca Atena. Minerva, patrona delle arti e della sapienza, è spesso raffigurata con i suoi attributi da guerriero.

MARTE E VENERE

Marte, il dio della guerra, ha lasciato una traccia indelebile nel nome di un mese, marzo. I Galli e i Bretoni iniziarono ad adorare molti loro dei che erano simili a quelli romani, solitamente a Marte e a Mercurio, il messaggero degli dei (p. 53). La placca d'argento trovata in Britannia sulla destra è ispirata a un dio "ibrido" romano-britannico chiamato Marte Alato. Venere, la dea romana dell'amore, della bellezza e della fertilità, era considerata la divina progenitrice della famiglia di Giulio Cesare.

La placca d'argento rivestita in oro era un'offerta alla divinità del tempio

IL DIO DELLA LUCE

Il culto di Mitra era di origine persiana e si ispirava all'eterna contesa fra dio e diavolo. Mitra era adorato da molti guerrieri ed era considerato un dio per soli uomini. Questa statua raffigura Mitra mentre uccide il leggendario toro il cui sangue diede vita all'universo.

L'iscrizione dice che la placca in argento rivestita d'oro è un'offerta votiva

Giulio Cesare costruì a Roma un tempio dedicato a Venere

IL DIO LASCIVO

Il culto di Bacco, divinità di origine greca (Dioniso), era legato, nella sua componente orfica, alla speranza di una vita extramondana. Dio dell'ebbrezza, Bacco incarnava l'idea di un'evasione dalla condizione umana, idea che spiega i riti orgiastici celebrati in suo onore.

Bacco regge grappoli d'uva come simbolo del vino

IL CULTO DI CIBELE

Cibele, il cui nome è di origine anatolica, rappresentava l'elemento femminile per eccellenza, una sorta di dea-madre il cui culto riguardava la fertilità e il ciclo della vita e della resurrezione. Anche questa religione molto suggestiva era caratterizzata da pratiche orgiastiche eseguite da coribanti e da sacerdoti eunuchi (castrati) addetti al culto. Questa specie di tenaglia in bronzo era probabilmente destinata alla loro castrazione.

I busti delle divinità decorano le tenaglie

Il mostro sta divorando un uomo

IL DIO CAPRA

Anche il dio greco Pan, figlio di Hermes, entrò a far parte del Pantheon romano col nome di Mercurio. Metà uomo e metà capra, era il dio delle montagne e dei luoghi solitari, delle greggi e dei pastori e suonava il flauto (p. 48). Pan era venerato e temuto dai pastori perché poteva costituire anche una minaccia per le greggi.

DIVINITÀ CELTICHE

I celti veneravano figure sovrumane cui spesso conferivano caratteri mostruosi come indica l'illustrazione di destra.

Culti e sacrifici

I Romani veneravano e nello stesso tempo temevano gli dei; per questo cercavano di propiziarseli con riti e sacrifici sia invocandone l'intervento, sia ingraziandosene la volontà. Le offerte votive sono la testimonianza di questo costante dialogo fra uomo e divinità: Augusto promise a Marte un nuovo tempio se il dio lo avesse aiutato a vendicare la morte di Cesare e oggi i resti del tempio di Marte Vendicatore si possono ancora ammirare a Roma. I sacrifici compiuti in onore degli dei potevano essere fatti con cibi e bevande e frequentemente con l'immolazione di vittime animali. Gli addetti al culto a tempo pieno erano pochi, eccetto le Vergini Vestali che facevano la guardia al fuoco sacro della dea Vesta a Roma. Molti sacerdoti ricoprivano importanti incarichi nella vita pubblica fra i quali il sacerdozio era uno dei doveri principali. L'imperatore stesso, capo dei sacerdoti di Roma, aveva l'appellativo di Pontefice Massimo, che significa il più grande costruttore di ponti, poiché si riteneva che egli potesse costruire un ponte fra il popolo e gli dei.

UNA SACERDOTESSA NELL'ATTO DEL SACRIFICIO
Una sacerdotessa versa una libagione (probabilmente latte, olio o vino) sull'altare come offerta al dio o alla dea. In alcuni culti come quello di Vesta, Iside e Cibele erano ammesse tra i seguaci e gli adepti solo le donne.

L'ANFORA DELLA LIBAGIONE
Anfore di bronzo come questa erano usate per contenere i liquidi destinati ai sacrifici. L'anfora, la coppa e il coltello sono spesso raffigurati in scene religiose con altri strumenti sacerdotali.

Impugnatura a forma di testa di leone

SOTTO IL COLTELLO
Gli animali erano sacrificati in vari modi; i capi più grossi, come le mucche, erano abbattuti con un'ascia. Con un coltello venivano poi tagliate la gola all'animale e le sue viscere sulla base delle quali il sacerdote pronunciava i suoi vaticini.

IL FUMO VERSO GLI DEI
Si usava una coppa per versare i liquidi sul fuoco che ardeva sull'altare. Il fumo che si sprigionava e saliva verso il cielo esprimeva devozione verso gli dei.

LA TAVOLETTA DELLA MALEDIZIONE
Un modo per vendicarsi dei nemici era quello di affiggere una maledizione contro di loro nel tempio locale. Questa tavoletta di piombo trovata nel tempio di Uley, nel Gloucestershire in Inghilterra, chiede a Mercurio di far ammalare i ladri che avevano rubato un prezioso animale se essi non l'avessero restituito.

UN MUCCHIO DI OSSA
Alcuni animali erano appositamente destinati ad essere sacrificati a determinati dei. Gli animali "sacri" di Mercurio erano il gallo e il montone, e le migliaia di ossa trovate a Uley dimostrano che la popolazione sacrificava polli e pecore in suo onore. Sopra sono raffigurate alcune ossa di pollo.

OFFRIRE UN SACRIFICIO
In questo rilievo è raffigurato un Sileno, lo spirito dei boschi presso i Greci, mentre compie una libagione in onore degli dei. I Sileni erano i compagni del dio Bacco (Dioniso, p. 51).

IL MESSAGGERO DIVINO
Questo bronzetto (sopra) raffigura Mercurio, il messaggero degli dei: fu lasciato come offerta nel tempio di Uley, a lui dedicato. Forse si trattava del ringraziamento per un favore ricevuto oppure di un dono per ricordare una richiesta non ancora esaudita.

LA MANO DI UN INDOVINO
Questo frammento di una statua di marmo mostra una mano che regge il fegato di un animale. Uno speciale sacerdote, denominato *haruspex*, appellativo di origine etrusca, interpretava la volontà del dio dalla forma e dalle condizioni del fegato: se in qualche modo deformato, gli auspici non erano buoni.

L'ALTARE DEI SACRIFICI
Gli altari romani erano all'aperto, davanti alla facciata del tempio, mentre le immagini raffiguranti il dio erano all'interno.

Dal modo in cui i polli sacri mangiavano, i Romani riuscivano a interpretare la disposizione divina.

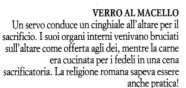

VERRO AL MACELLO
Un servo conduce un cinghiale all'altare per il sacrificio. I suoi organi interni venivano bruciati sull'altare come offerta agli dei, mentre la carne era cucinata per i fedeli in una cena sacrificatoria. La religione romana sapeva essere anche pratica!

La cura delle malattie

All'epoca romana la scienza medica era ancora agli albori e le cause delle malattie non erano ben conosciute. La maggior parte dei Romani credeva che le malattie fossero causate dagli dei, dalla stregoneria e dalle maledizioni. Molti cercavano cure soprannaturali per alleviare le sofferenze e compivano lunghi viaggi per raggiungere santuari o centri termali come Bath, in Inghilterra (p. 38). I medici, quasi tutti uomini di origine greca, erano molto costosi e alcuni erano degli impostori. Persino i medici più esperti non riuscivano a salvare la gente dalle afflizioni più semplici che oggi possono essere curate con antibiotici o con pochi giorni d'ospedale. Le appendiciti, per esempio, che oggi sono curate con un'operazione di routine, erano sempre fatali. I Romani possedevano alcune medicine abbastanza efficaci, ma senza un vero anestetico la chirurgia era dolorosa e altamente pericolosa. Nonostante gli sforzi dei migliori medici, non sorprende che la gente chiedesse rimedi miracolosi agli dei.

UN ORECCHIO VOTIVO
Nel caso di richiesta di guarigione, spesso nei templi venivano esposte, come esemplifica la riproduzione soprastante, offerte votive che ricordavano la parte del corpo interessata.

UNA GAMBA VOTIVA
Questa gamba in bronzo fu dedicata a un dio da un uomo chiamato Caledus, probabilmente in segno di gratitudine per una gamba guarita da una ferita o da un'infezione.

ANELLI CON SIGILLO
Questi anelli (sopra) recano l'immagine di Esculapio (vedi la pagina di fronte) e Igea, una figura angelica che simboleggia la salute. Agli anelli veniva attribuito il potere di tenere lontani i malanni.

UN ANTICO PEDIATRA
Questa pietra sepolcrale in marmo (a sinistra) raffigura un medico greco che visita un bambino. In basso è scolpita una grossa coppa usata come recipiente del sangue tolto e anche degli "umori cattivi" che si riteneva causassero le malattie.

L'enula era usata per aiutare la digestione

Il fieno greco era usato per curare la polmonite

ERBE MEDICINALI
Si riteneva che molte sostanze vegetali possedessero proprietà curative ed erano utilizzate per produrre medicine e unguenti.

La salvia, un efficace curativo, era considerata sacra dai Romani

Si pensava che il finocchio possedesse proprietà calmanti

Il rosmarino era largamente impiegato nella farmacopea romana

Lo scrittore romano Plinio ha elencato 40 rimedi contro le malattie indicando come principale ingrediente la senape

Ai soldati romani veniva somministrata una razione giornaliera di aglio

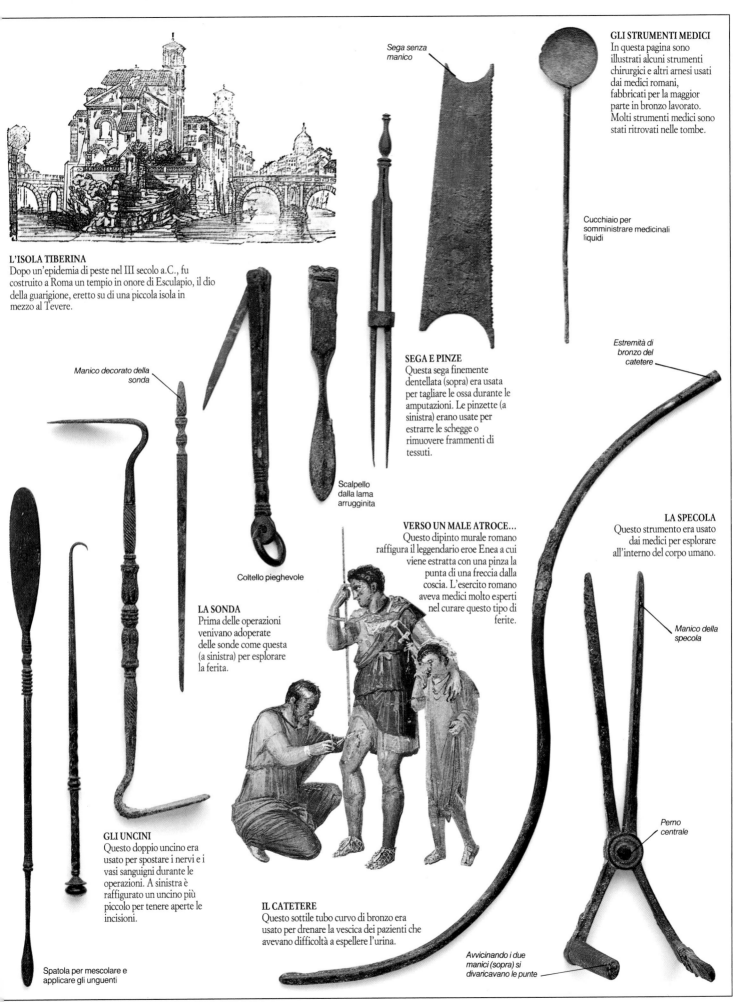

Sega senza
manico

GLI STRUMENTI MEDICI
In questa pagina sono
illustrati alcuni strumenti
chirurgici e altri arnesi usati
dai medici romani,
fabbricati per la maggior
parte in bronzo lavorato.
Molti strumenti medici sono
stati ritrovati nelle tombe.

Cucchiaio per
somministrare medicinali
liquidi

L'ISOLA TIBERINA
Dopo un'epidemia di peste nel III secolo a.C., fu
costruito a Roma un tempio in onore di Esculapio, il dio
della guarigione, eretto su di una piccola isola in
mezzo al Tevere.

Estremità di
bronzo del
catetere

Manico decorato della
sonda

SEGA E PINZE
Questa sega finemente
dentellata (sopra) era usata
per tagliare le ossa durante le
amputazioni. Le pinzette (a
sinistra) erano usate per
estrarre le schegge o
rimuovere frammenti di
tessuti.

Scalpello
dalla lama
arrugginita

LA SPECOLA
Questo strumento era usato
dai medici per esplorare
all'interno del corpo umano.

Coltello pieghevole

VERSO UN MALE ATROCE...
Questo dipinto murale romano
raffigura il leggendario eroe Enea a cui
viene estratta con una pinza la
punta di una freccia dalla
coscia. L'esercito romano
aveva medici molto esperti
nel curare questo tipo di
ferite.

LA SONDA
Prima delle operazioni
venivano adoperate
delle sonde come questa
(a sinistra) per esplorare
la ferita.

Manico della
specola

Perno
centrale

GLI UNCINI
Questo doppio uncino era
usato per spostare i nervi e i
vasi sanguigni durante le
operazioni. A sinistra è
raffigurato un uncino più
piccolo per tenere aperte le
incisioni.

IL CATETERE
Questo sottile tubo curvo di bronzo era
usato per drenare la vescica dei pazienti che
avevano difficoltà a espellere l'urina.

Avvicinando i due
manici (sopra) si
divaricavano le punte

Spatola per mescolare e
applicare gli unguenti

La morte e la sepoltura

I Romani vivevano a stretto contatto con la morte, molto più di oggi: la vita media era generalmente breve e le malattie erano diffuse. Ciò era dovuto a scarsa alimentazione, mancanza di cure mediche e misere condizioni di vita. I bambini erano i soggetti a maggior rischio; ne moriva almeno uno su tre nei primi anni di vita. Persino gli adulti potevano facilmente trovarsi in pericolo: le donne, ad esempio, erano particolarmente esposte durante il parto. Probabilmente più di metà popolazione moriva prima dei 50 anni, sebbene qualcuno vivesse fino agli 80 ed oltre. Non sorprende dunque che la morte fosse un tema ricorrente e che attorno ad essa fossero sorti riti e cerimonie come la cremazione a cui si sostituì in epoca più tarda la sepoltura della salma. Lo studio dei modi con cui i Romani erano soliti seppellire i propri morti e i riti funebri sorti intorno ad essi rivelano interessanti dettagli sui loro usi e costumi.

NELLE CATACOMBE
A Roma i cristiani seppellivano i loro morti nelle catacombe, una serie di cunicoli e stanze sotterranei con nicchie nelle pareti per le bare. Le cappelle sotterranee servivano per i riti funebri piuttosto che come nascondiglio contro i persecutori.

UN'URNA DI MARMO
Le ceneri dei morti cremati erano custodite in urne e deposte nelle tombe di famiglia o in vaste necropoli. L'iscrizione su questa bellissima urna di marmo scolpita dice che contiene i resti di una donna chiamata Bovia Procula, una "madre molto sfortunata", forse morta durante il parto. Le foglie d'edera scolpite erano sacre a Bacco e probabilmente simbolizzano una speranza di rinascita.

IN RICORDO DI AVITA
Molte pietre sepolcrali romane hanno trasmesso ai posteri il loro triste messaggio. La pietra sopra illustrata, posta sulla tomba di una bambina di dieci anni chiamata Avita, la ritrae nell'atto di leggere in compagnia del suo cagnolino, così come i genitori desideravano ricordarla.

ATTRAVERSO IL FIUME STIGE

Nel bassorilievo, a sinistra, è rappresentato un bambino che giace sul letto di morte, circondato dai genitori addolorati e da altre persone in lacrime. I Romani conservavano la credenza greca secondo la quale i morti erano traghettati attraverso il fiume Stige sino all'Ade (l'oltretomba) e spesso ponevano nella bocca del morto una moneta con la quale l'anima avrebbe potuto pagare il traghettatore. Il funerale consisteva probabilmente in una processione solenne sino al cimitero per la sepoltura, o al luogo della cremazione, dopo la quale le ceneri erano raccolte e poste dentro un'urna (sotto).

TOMBE LUNGO LE STRADE

La legge romana proibiva le sepolture all'interno della città, una regola che serviva anche a ridurre il rischio di infezioni; i cimiteri furono perciò localizzati fuori le mura. I luoghi preferiti erano vicino alle strade, dove i passanti vedevano le tombe e ricordavano le persone che vi erano sepolte, dando ad essi un senso di immortalità. I morti erano presso i Romani oggetto di culto e rivestivano un ruolo molto importante.

Sepolti sotto le ceneri

Intere città, edificate ai piedi del Vesuvio, furono seppellite dalla lava del vulcano in seguito all'eruzione del 79 d.C. quando una pioggia di ceneri e lapilli roventi si riversò su un raggio molto vasto, bruciando ogni cosa fino a quattro metri sottoterra. Pompei è la più nota di queste città sepolte, pietrificate nel tempo dalla profonda coltre di lava e cenere: la vita si fermò improvvisamente al punto che siamo in grado di ricostruire con grande precisione le abitudini di vita studiando i corpi di quanti non riuscirono a fuggire in tempo. Non è la stessa cosa che studiare le ossa: le ceneri si sono solidificate e così, sebbene i corpi siano scomparsi, si possono ancora trovare gli "stampi" vuoti delle loro forme originali.

UN'URNA DI VETRO

Le ceneri dei morti erano poste in recipienti e vasi di vetro simili a quest'urna. Non vi sono iscrizioni che indicano il nome della persona morta, ma i frammenti delle ossa sono sufficienti per stabilire se si trattava di un uomo o di una donna.

UNA VITTIMA DEL VESUVIO

Sopra è riportata la copia in gesso dello "stampo" del corpo di un uomo sorpreso a Pompei dall'eruzione del Vesuvio. Spesso è possibile stabilire anche la forma dei vestiti e delle scarpe. Le forme degli animali si sono conservate altrettanto bene. Questa immagine illustra l'orrenda esperienza di un uomo, bloccato mentre tentava di fuggire o mentre cercava disperatamente di ripararsi dai fumi e dalle ceneri.

Frammenti di ossa
trovati nell'urna

La vita rurale

Sebbene la vita romana si concentrasse nella città, molta gente viveva nelle campagne, lavorando la terra, custodendo i vigneti e le greggi o amministrando oliveti e boschi. I contadini producevano il cibo, il combustibile e le materie di prima necessità per coloro che vivevano nelle splendide città. Era una vita di lavoro faticoso e interminabile per uomini, donne e bambini, molti dei quali erano schiavi. I ricchi possedevano grandi tenute e appezzamenti di terra nelle campagne circostanti dove facevano erigere le loro dimore estive. Ai benestanti piaceva sfuggire al caldo cittadino durante l'estate e ritirarsi nelle proprie tenute dove potevano godere della tranquillità della vita rurale (p. 38).

ARARE LA TERRA

Questa scultura in bronzo mostra un contadino della Britannia al lavoro con le sue bestie mentre prepara la terra alla semina del grano: è ben coperto per difendersi dal freddo.

FALCE PER LA MIETITURA

Falci come questa erano utilizzate per tagliare il grano. Stare piegati tutto il giorno usando questo arnese con un manico così corto causava probabilmente dei dolorosi mal di schiena.

IL FRUMENTO ANTICO

Durante l'epoca romana erano coltivati molti tipi di cereali, inclusa quest'antica varietà di frumento, illustrata qui sia come spiga matura sia come grano pronto per fare il pane e altri cibi. Essa possedeva il doppio del contenuto proteico del moderno frumento e costituiva perciò un ottimo alimento. Il trasporto del grano dai campi, la trebbiatura, la ripulitura dalla loppa e l'immagazzinamento erano lavori pesanti, così come la raccolta.

LA CACCIA AL CINGHIALE

I cacciatori dotati di spade e cani catturavano le proprie prede sia a piedi che a cavallo. Nel caso di animali feroci, la caccia poteva essere molto pericolosa, come illustra questo mosaico trovato in Sicilia.

IL BRIVIDO DELLA CACCIA

I cacciatori romani amavano sfidare i veloci cinghiali selvatici, dotati di zanne affilate come rasoi. La ferocia di quest'animale è ben evidenziata nella statuetta di bronzo sopra illustrata.

Questo dipinto ben conservato raffigura la villa dell'imperatrice Livia (p. 9). Esso mostra l'eleganza e la magnificenza delle case di campagna dei romani più ricchi, con imponenti corridoi fiancheggiati da colonne, giardini e piscine.

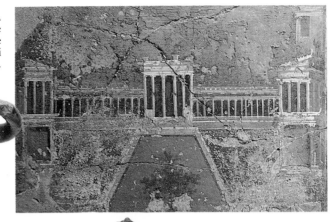

UN TORO DI BRONZO
L'agricoltura romana si basava in gran parte sull'allevamento del bestiame per la carne, la produzione di latticini e per il cuoio. Alcune zone dell'Italia erano trasformate in enormi allevamenti di bestiame, dove i tori, come questo splendido esemplare, erano usati per la riproduzione.

CESOIE PER LE PECORE
Cesoie di ferro come queste erano usate per tosare le pecore: con la lana ottenuta si confezionavano indumenti.

La produzione del vino

La coltivazione delle viti e degli alberi d'olivo era (e lo è ancora oggi) molto importante nelle soleggiate pianure dell'Italia centromeridionale. Le olive e l'uva erano senza dubbio consumate come tali, ma forse il loro succo era ancora più apprezzato. La fermentazione alcolica del succo d'uva era già un'arte antica all'epoca romana e in un mondo senza tè o caffè il vino era persino più consumato di oggi (p. 46).

Sopra, una moderna riproduzione di un bassorilievo romano che mostra Cupido mentre raccoglie l'uva, la calpesta (sinistra) e compie sacrifici in onore degli dei

Grappolo d'uva in vetro

IL PASTORELLO
Il benestante romano che possedeva questa deliziosa statuetta d'argento, raffigurante un pastorello, doveva avere una visione molto romantica della vita rurale, certamente molto lontana dalla realtà.

Agnello che spunta dalla sacca sulle spalle del pastore

IL PAESAGGIO DEL NILO
Questo mosaico di Pompei raffigura la vita naturale sul Nilo. La pesca e la caccia degli uccelli rappresentavano per molti una fonte di sopravvivenza. I Romani sfruttarono in tutti i modi le risorse naturali delle terre che possedevano.

UNA CAPRA DI BRONZO
Le capre erano allevate dai contadini per il latte, il formaggio e la carne.

UN CARICO PESANTE
Molte merci erano trasportate da un luogo all'altro direttamente dagli schiavi, poiché era il mezzo meno costoso. Questa statuetta di porcellana raffigura un attore che recita la parte di uno schiavo pesantemente caricato.

Anfora per il vino

Otre da vino

Trasporti, viaggi e commercio

Augusto garantì all'Impero romano un periodo di ordine e tranquillità, noto col nome di *Pax Romana*, durante il quale l'intero Mediterraneo e le terre circostanti conseguirono un equilibrio stabile e duraturo. La flotta romana sconfisse i pirati assicurando le comunicazioni marittime; anche l'urbanistica e l'edilizia progredirono con la costruzione di nuove strade che permisero l'intensificarsi dei rapporti tra Roma e le province. Le relazioni commerciali determinarono un afflusso di ricchezze. Le navi mercantili esportavano il vino dall'Italia e dalla Spagna alle regioni della Gallia e della Britannia, mentre importavano dall'Egitto i raccolti di grano. Gli animali selvatici per gli spettacoli tenuti negli anfiteatri provenivano da ogni angolo dell'Impero (p. 32). La compresenza all'interno dei confini dell'Impero di culture e tradizioni diverse favorì la diffusione di costumi e usanze diversi nel clima di distensione instaurato con la *Pax Romana*.

ASINI E GERLE
Gli animali erano usati per il trasporto della merce. Essi trainavano carri o portavano la merce sul dorso. Questa statuetta di bronzo mostra che gli asini romani erano recalcitranti come quelli attuali!

VASI PER LA MERCE
Questi vasi di porcellana (anfore) custodivano il vino italiano, principalmente quello che doveva essere venduto agli altri paesi. La loro forma permetteva di disporli in file, molto vicini l'uno all'altro, nelle stive delle navi. Anfore di altra forma erano usate per trasportare l'olio d'oliva o le salse di pesce per cucinare (p. 44).

Moneta di due assi

Asse

Aureo, del valore di 100 assi

Sesterzio, del valore di 4 assi

Denaro, del valore di 16 assi

DENARO PRONTO
Le monete erano coniate dall'imperatore principalmente per pagare i soldati e riscuotere le tasse. Quasi tutti durante l'età imperiale usavano questo tipo comune di denaro, che rendeva il commercio più semplice. Monete d'argento ben conservate sono state ritrovate in terre lontane come l'India.

UNA NAVE MERCANTILE
Un rilievo in pietra, proveniente da Cartagine, mostra una nave costiera e il suo timoniere. Le navi mercantili attraversavano i mari durante i mesi estivi e arrivavano sino in Britannia e in India. Mancando le bussole, navigavano in prossimità delle coste, ma cercavano di non avvicinarvisi troppo nel timore che il vento le sospingesse contro le coste. La navigazione era pericolosa e si fermava quasi del tutto durante l'inverno.

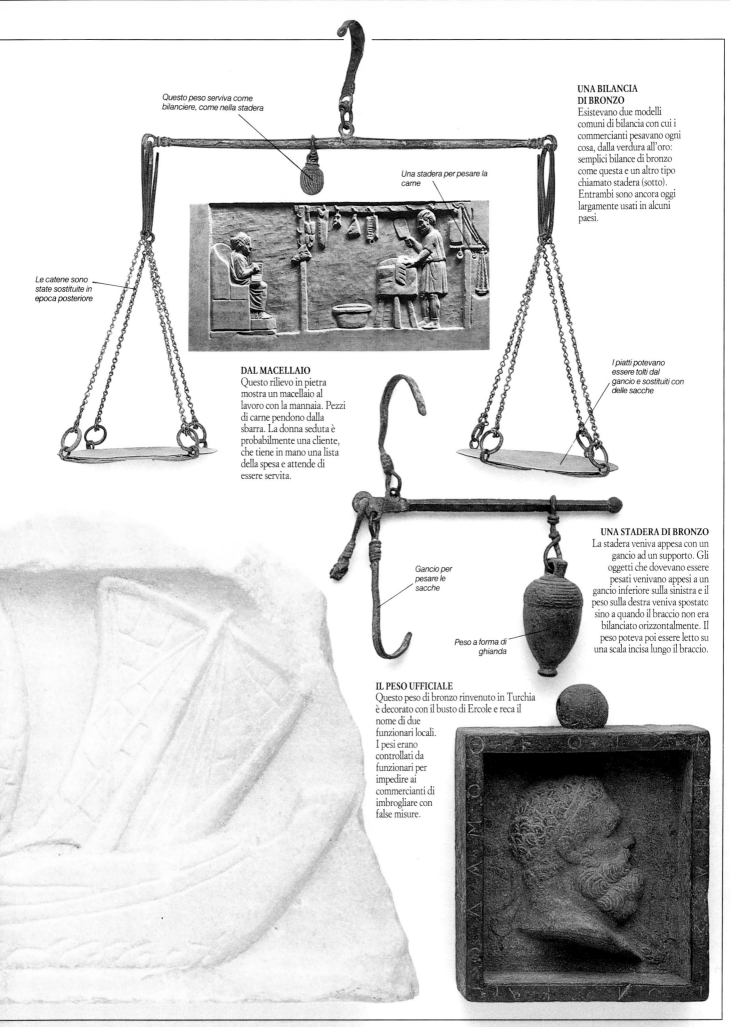

Questo peso serviva come
bilanciere, come nella stadera

Una stadera per pesare la
carne

UNA BILANCIA
DI BRONZO
Esistevano due modelli
comuni di bilancia con cui i
commercianti pesavano ogni
cosa, dalla verdura all'oro:
semplici bilance di bronzo
come questa e un altro tipo
chiamato stadera (sotto).
Entrambi sono ancora oggi
largamente usati in alcuni
paesi.

Le catene sono
state sostituite in
epoca posteriore

I piatti potevano
essere tolti dal
gancio e sostituiti con
delle sacche

DAL MACELLAIO
Questo rilievo in pietra
mostra un macellaio al
lavoro con la mannaia. Pezzi
di carne pendono dalla
sbarra. La donna seduta è
probabilmente una cliente,
che tiene in mano una lista
della spesa e attende di
essere servita.

UNA STADERA DI BRONZO
La stadera veniva appesa con un
gancio ad un supporto. Gli
oggetti che dovevano essere
pesati venivano appesi a un
gancio inferiore sulla sinistra e il
peso sulla destra veniva spostato
sino a quando il braccio non era
bilanciato orizzontalmente. Il
peso poteva poi essere letto su
una scala incisa lungo il braccio.

Gancio per
pesare le
sacche

Peso a forma di
ghianda

IL PESO UFFICIALE
Questo peso di bronzo rinvenuto in Turchia
è decorato con il busto di Ercole e reca il
nome di due
funzionari locali.
I pesi erano
controllati da
funzionari per
impedire ai
commercianti di
imbrogliare con
false misure.

La caduta di Roma

Grossi capovolgimenti sconvolsero l'Impero romano dopo il 200 d.C., mentre si inasprivano gli scontri con i barbari, che premevano da nord e imperversava la guerra contro i Persiani in Oriente. Il caos economico dilagava, mentre una grave crisi istituzionale e l'indisciplina delle legioni minavano la solidità e le fondamenta dell'Impero. Alla fine Diocleziano e i suoi tre coimperatori si sforzarono di ripristinare la pace, ma a caro prezzo; l'Impero soffriva per il peso di un sistema amministrativo sempre più corrotto e di un esercito sempre più debole. Nuove credenze mettevano in crisi la religione tradizionale creando un clima d'incertezza e d'instabilità che vide il definitivo avvento del Cristianesimo. Con Costantino, successore di Diocleziano, si ebbe la concessione della tolleranza religiosa e la proclamazione della libertà di culto anche per i Cristiani. Nel 395 d.C. l'Impero, la cui unità era ormai definitivamente compromessa, fu scisso nell'Impero romano d'Occidente e in quello d'Oriente, che avrebbero seguito destini e storie diversi.

UNA FAMIGLIA CRISTIANA
Questo frammento di vetro dorato illustra una famiglia con l'antico simbolo cristiano chi (X)-rho (P) (che deriva dalle prime due lettere del nome greco di Cristo).

L'OCCIDENTE LATINO...
Questa statuetta (sotto) rappresenta Roma, la vecchia capitale del mondo occidentale pagano. Entrambe le statuette provengono da un tesoro del IV secolo trovato a Roma sull'Esquilino.

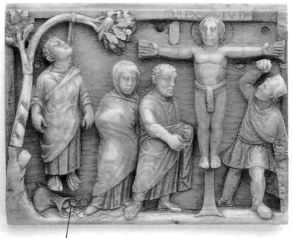

CRISTO SULLA CROCE
Un disegno inciso su una scatola d'avorio, risalente a circa il 420 d.C., mostra la crocifissione di Cristo e, sulla sinistra, Giuda che si impicca. Durante l'epoca romana Cristo veniva spesso raffigurato senza barba.

I 30 pezzi d'argento pagati a Giuda per il suo tradimento

Qui sotto è riportata una fantasiosa ricostruzione del battesimo di Costantino, il primo imperatore cristiano

...E L'ORIENTE GRECO
Questa statua (sopra) rappresenta Costantinopoli (attuale Istanbul), nuova capitale dell'Impero d'Oriente sotto Costantino.

Il declino dell'Occidente

Mentre la cristianità trionfava, l'Impero d'Occidente si stava indebolendo in seguito alle disfatte militari e alla crisi economica. La frontiera del Reno fu violata nel 406 d.C., quando il popolo germanico irruppe entro i confini dell'Impero. Nel 410 la stessa Roma fu sconfitta in seguito al saccheggio di Alarico e nel 476 l'ultimo imperatore occidentale, Romolo Augustolo, veniva deposto. Roma e l'Impero romano d'Occidente erano ormai tramontati.

SPILLE RAGGIATE
I Germani non erano rozzi guerrieri come ritenevano i Romani. Alcuni erano abili artigiani e fabbricavano splendidi gioielli come le spille qui a sinistra. Queste furono create dagli Ostrogoti verso il 500 d.C. utilizzando argento, oro, vetro verde e granato rosso.

Granato rosso incastonato nell'oro

Punta di lancia in ferro

Due punte di freccia in ferro

ARMI DA GUERRA
Queste armi, una punta di lancia di ferro e due punte di freccia, provengono dalla tomba di uno dei conquistatori franchi della Gallia. Risalgono al sesto secolo, quando si affermò il nuovo regno franco. Nel corso di questi secoli anche i Barbari si convertirono gradualmente al cristianesimo.

I Barbari
Roma temeva i Germani e gli altri popoli barbari del nord, che durante il IV secolo erano andati acquistando sempre maggiore potenza. Quando essi invasero l'Impero d'Occidente, si stabilirono nelle terre conquistate e fondarono molti stati dell'Europa moderna: i Franchi trasformarono la Gallia in Francia mentre gli Angli e i Sassoni dalla Britannia romana fondarono l'Inghilterra sassone.

ATTILA E IL PAPA
Gli Unni dell'Asia centrale erano gli invasori più temuti e devastarono l'Europa del V secolo. Questo disegno medioevale raffigura il papa che tratta con il loro capo, Attila, nel 452 d.C. Era un tentativo per salvare la città di Roma da un'ulteriore distruzione.

L'Oriente sopravvive
Anche l'Oriente, densamente popolato e prosperoso, dovette affrontare più di una guerra, sopravvivendo in condizioni sempre più precarie sino al 1453. Nonostante fosse praticato il cristianesimo e parlato il greco, veniva usato l'appellativo di Impero romano d'Oriente.

Artemide, la dea greca della caccia

IL MEDAGLIONE
I Bizantini cristiani conservarono l'eredità dei loro predecessori romani e greci in libri e tesori e i loro artisti usavano talvolta ancora immagini pagane, come la figura incisa su questo medaglione d'oro del VI secolo. L'eredità classica fu riscoperta dall'Occidente alla fine del Medioevo.

L'IMPERATORE BIZANTINO
Come indica il peso della stadera illustrata a p. 61, raffigurante un imperatore del VII secolo, gli imperatori bizantini sono piuttosto simili a re medioevali. Anche lo stile del bassorilievo e il modo di rappresentare l'autorità imperiale sono molto più vicini a quelli dell'iconografia medioevale che non a quelli romani.

INDICE

Dorling Kindersley desidera ringraziare:
Il Dipartimento di Antichità greche e romane del British Museum per aver fornito i materiali da fotografare. Emma Cox per la sua preziosa assistenza nella preparazione di antichi manufatti da fotografare. Celia Clear per le pubblicazioni del British Museum. B. Cook e D. Bailey del Dipartimento di Antichità greche e romane. T.W. Potter e C. Johns del Dipartimento di Preistoria e di Antichità romane e inglesi. D. Kidd e D. Buckton del Dipartimento di Antichità medioevali e posteriori. Peter Connolly per aver fornito il suo modello del Colosseo: pp. 28-29 e Brian Lancaster per la sua assistenza. Thomas Keenes per la sua collaborazione nelle fasi iniziali del volume. Louise Pritchard per l'assistenza redazionale. Jane Coney per l'assistenza grafica e per la ricerca del materiale. Lester Cheeseman per la sua esperienza in campo editoriale (desktop). Ermine Street Guard: pp. 10-11. Jane Parker per l'indice.

Referenze fotografiche:
Aerofilm: 26 basso centro; Aldus Archive/Syndication International: 23 centro sinistra; Museo Nazionale, Napoli: 59 basso sinistra; Alinari/Museo Nazionale, Napoli: 55 basso centro; Ancient Art & Architecture Collection: 38 basso sinistra, 40 centro; Antiken Museum, Staatliches Museen, W Berlin: 22 centro sinistra, 25 basso destra, 32 centro sinistra, 39 alto sinistra, 46 basso sinistra; Bridgeman Art Library/Musée Crozatier, Le Puy en Velay: 12 centro sinistra; British Film Institute: 33 basso destra; British Museum: 12 basso destra, 19 alto sinistra, 22 alto sinistra, 23 basso sinistra, 42 basso sinistra, 51 basso destra, 56 basso sinistra, 57 alto sinistra; 59 centro; J. Allan Cash Photolibrary: 17 centro sinistra; Michael Dixon, Photo Resources: 19 alto destra, 20 basso sinistra, 34 alto destra, 35 basso sinistra; Mary Evans Picture Library: 7 basso destra, 8 centro sinistra, 14 alto sinistra, 16 basso sinistra, 18 centro destra, 25 centro, 30 alto sinistra, 56 alto destra, 62 basso centro, 63 alto destra; Werner Forman Archive: 48 basso sinistra, 49 alto destra, 53 alto destra, 57 basso destra; Robert Harding Picture Library: 37 alto sinistra, 59 alto destra, 61 alto destra; Simon James: 12 basso destra, 14 centro destra, 24 centro destra, 26 alto sinistra, 27 centro sinistra, 27 centro destra, 28 basso sinistra, 35 alto sinistra, 37 alto centro, 38 alto sinistra, 44 centro, 45 alto destra, 50 centro destra, 57 centro; Kobal Collection: 34 centro sinistra; Louvre/Réunion Des Musées Nationaux: 20-21 basso; Mansell Collection: 7 alto, 13 alto sinistra; Scala: 25 basso sinistra; Città del Vaticano, Roma: 13 alto destra, 48 centro sinistra; Museo delle Terme, Roma: 36 alto sinistra; Museo Nazionale, Napoli: 36 basso destra, 41 alto sinistra; Museo Civico, Albenga: 60 centro sinistra.

Illustrazioni di: Peter Bull: p. 27, p. 38; Eugene Fleury: p. 7

Ricerca iconografica: Kathy Lockley